Rätselhafte *Waagen*

In der Reihe Eichborn. *Astrokrimis*
sind 12 Bände erschienen:

Tödliche Widder
Erbarmungslose Stiere
Gefährliche Zwillinge
Tückische Krebse
Mörderische Löwen
Eiskalte Jungfrauen
Rätselhafte Waagen
Mysteriöse Skorpione
Geheimnisvolle Schützen
Kaltblütige Steinböcke
Dunkle Wassermänner
Skrupellose Fische

Rätselhafte *Waagen*

Mit Geschichten von:

Roger Graf
Marlys Millhiser
Angelika Koch
Uta-Maria Heim
Krystyna Kuhn
Stuart M. Kaminsky

Eichborn.

Die Reihe Eichborn. *Astrokrimis*
wird herausgegeben von

Thea Dorn
Uta Glaubitz und
Lisa Kuppler

Gesamtlektorat: Oliver Thomas Domzalski

2 3 4 02 01 00

Umschlaggestaltung: Moni Port unter Verwendung des Gemäldes
»Die Perlenwägerin« von Jan Vermeer, um 1662-64
(Washington, National Gallery of Art, Widener Collection)

Satz: Fuldaer Verlagsagentur, Fulda
Druck und Bindung: Milanostampa, Italien
ISBN 3-8218-0798-9

Verlagsverzeichnis schickt gern:
Eichborn Verlag, Kaiserstr. 66, 60329 Frankfurt
www.eichborn.de

Inhaltsverzeichnis

Roger Graf

Admiral Nelson, gespielt von Walter Matthau

Der Körper lag unter einer Schicht aus Ästen und Steinen, die jemand hastig über der Leiche verteilt hatte. Fliegen surrten um die Fundstelle, und die Beamten schützten sich mit Tüchern vor dem Gestank. Die Nachmittagssonne brannte in Steiners Nacken, und Schweiß rann ihm unter seinem Hemd den Rücken hinunter bis zum Hosenbund. Ein älterer Mann, der kaum seinen Hund im Zaum zu halten vermochte, stand neben Steiner und zeigte auf den Leichenfundort.

»Gestunken hat es. Bestialisch gestunken. Als ich da drüben eine Rast machte, da kam ein leichter Wind auf, und der hat mir den Gestank direkt in die Nase getrieben. Ich dachte sofort, daß das ein Kadaver sein muß. Ein großer Kadaver. Aber wer denkt schon an so was?«

Der Hund zog an der Leine, scharrte auf dem Boden, und Steine flogen weg. Steiner sagte dem Mann, daß er gehen könne, die Personalien habe man ja. Der Mann verabschiedete sich mit einem lauten Gruß. Er schaute sich mehrmals um, als er wegging, so als wolle er sich vergewissern, daß sich sein Fund nicht als Fata Morgana in der flirrenden Sommerluft entpuppte. Etwas getrunken hatte er, Steiner nahm den Geruch deutlich wahr. Auch so einer, der schon am frühen Nachmittag trinkt, dachte er und schüttelte den Kopf.

Er sah sich um. Auf der linken Seite ein Bauernhof, dahinter der steile Hang. Maisfelder und ein schmaler Bach gaben der Landschaft Struktur. Rechts sah man die Häuser einer Wohnanlage, ziemlich neu, Terrassenhäuser, Südsicht. Hinter dem Wald erstreckte sich das Dorf. Früher ein Weiler, in den letzten 20 Jahren kontinuierlich gewachsen, nahe der Stadt gelegen und steuergünstig. Einer der Spurensicherer fluchte, als er über eine Baumwurzel stolperte. Es wird noch eine Weile dauern, dachte Steiner, als er sah, wie der Leichnam langsam angehoben wurde.

»Sauschwer ist der Kerl«, sagte Florian und faßte sich ins Kreuz.

»Vielleicht wäre es gescheiter, du würdest ihn einfach mal liegenlassen«, sagte Yvonne und spickte den Zigarettenstummel über die Balkonbrüstung. Sie sah kurz zu Martin, der träge auf einer Stoffmatte lag und döste.

»Man kann doch seinen Vater nicht einfach so liegenlassen«, sagte Florian.

»Was hat er denn für dich getan in all den Jahren, dein Vater? Gesoffen und rumgetobt.« Yvonne zündete sich die nächste Zigarette an. »Was meinst du dazu, Martin?«

Gar nichts meine ich, dachte Martin und spielte den Schlafenden.

»Er ist krank und er hat niemanden mehr außer mir«, sagte Florian.

»Im Heim wäre er besser aufgehoben.«

»Darüber diskutiere ich nicht.«

»Du solltest dich endlich von ihm lösen.«

»Es reicht, Yvonne. Laß uns lieber darüber reden, was heute abend ansteht. Martin, sag doch auch mal was.«

Er stieß ihn mit der Fußspitze an, so daß Martin einen Grunzlaut von sich gab. Immer dasselbe, dachte Martin. Wenn sie nicht mehr weiter wissen, soll ich was sagen.

»Sag schon, Martin. Wir könnten zum See fahren oder ins Freilichtkino.«

»Kostet nur wieder eine Unmenge«, sagte Yvonne.

»Ach, Scheiße, alles dreht sich immer nur ums Geld.«

»Nur solange keines da ist«, sagte Yvonne.

Gleich ist es wieder soweit, dachte Martin.

»Martin, du könntest uns einladen. Schließlich beteiligen wir dich an unserem Geschäft.«

Seit Wochen lief es jedesmal so ab. Die beiden sagten, wo sie zu dritt hingehen könnten, und wenn es was kostete, war es an Martin, den Großzügigen zu spielen.

»Mit was für Geld wollt ihr eigentlich euer Geschäft gründen?« fragte er, obwohl er die Antwort bereits kannte.

»Die Banken kannst du vergessen«, sagte Florian und wischte mit einer Hand durch die warme Luft. »Um eine GmbH zu gründen, benötigen wir zwanzigtausend. Wenn jeder von uns einen Privatkredit über zehntausend aufnimmt, können wir die Firma gründen und haben zehntausend Reserve, um die Ratenzahlungen für die ersten Monate zu finanzieren.«

»Den Computer haben wir schon, und das Büro richten wir in meiner Wohnung ein. Die Firma übernimmt einen Teil der Wohnungsmiete und Florians Benzinkosten«, sagte Yvonne.

»Benzinkosten?« fragte Martin und spielte den Erstaunten. »Läuft euer Computer mit Benzin?«

»Ich klappere mit meinem Wagen die Gegend ab. Auf dem Land findest du manchmal die tollsten Stücke«, sagte Florian. Yvonne nickte begeistert und trank Mineralwasser aus der Flasche, die auf dem kleinen Balkontisch stand.

»Ich fotografiere die Stücke, Florian scannt sie ein, und

via Internet verhökern wir das Zeug an den Meistbietenden.«

»Grandios«, sagte Martin und wischte eine Fliege weg, die sich auf seinen Bauch gesetzt hatte. Schrottsammler im Internet und Millionen dämlicher Kunden aus aller Welt, die ein Vermögen dafür bezahlen, eine wurmstichige Truhe aus dem Zürcher Oberland zu ersteigern. Martin konnte sich nicht mehr genau daran erinnern, wann Florian zum ersten Mal mit dieser lachhaften Idee angekommen war. Jedenfalls nervte er ihn jetzt schon wochenlang mit den Details eines Geschäftes, das nur in Florians Kopf funktionieren konnte. Und natürlich bei Yvonne, die Florian noch immer für den schönsten, klügsten und genialsten Mann der westlichen Hemisphäre hielt. Florian, der Versager. Florian, der alles in seinem Leben begonnen, aber nichts zu Ende geführt hatte. Schule, Lehre, Militärdienst und unzählige tolle Ideen. Immerhin, dachte Martin, Yvonne war auch so eine Idee von Florian gewesen, damals, als sie die schöne Apothekerin durch das Schaufenster sahen und Florian sofort Feuer und Flamme war. Seither aber nur noch unbrauchbare Ideen. Und Yvonne, die ihren Job hinschmiß, schwanger wurde, das Kind verlor. Angefangen und nicht zu Ende gebracht, dachte Martin. Muß in den Genen drin sein.

»Du könntest zwanzig Riesen investieren«, sagte Florian. »Du hast einen festen Job, du kriegst den Kredit problemlos.«

»Ich mache keine Schulden«, sagte Martin. So war es nun mal. Schulden fand er unerträglich. Niemandem wollte er etwas schuldig sein. Kein Geld, keine Zuneigung, kein gar nichts.

»Ohne Risiko kein Reichtum«, sagte Yvonne mit einer Selbstverständlichkeit, als hätte sie dank ihrer Risikobereitschaft bereits Millionen gemacht.

»Ohne Schulden keine Alpträume«, sagte Martin.

»Langweiler«, sagte Florian.

»Hat es noch Bier im Kühlschrank?« fragte Yvonne.

Er rülpste laut, nachdem er die Dose in einem Zug geleert hatte. Seine Schwester sah ihn mißbilligend an. Die Hemden hatte sie gebügelt und den Boden gesaugt. Fehlte nur noch die Moralpredigt.

»Es gibt wieder überall offene Stellen. Du könntest in einem Büro arbeiten. Zwei Tage in der Woche, oder auf dem Bau. Das hast du doch früher auch getan.«

Er zerdrückte die leere Dose und stellte sie auf den Fernseher.

»Oder du könntest dich bei den Fernsehstationen bewerben. Die suchen doch dauernd Leute.«

»Die suchen Moderatoren, keine Schauspieler.«

»Das sind doch auch alles ehemalige Schauspieler.«

»Gescheiterte Schauspieler, das ist ein Unterschied.«

»Die Leute sind berühmt und verdienen viel Geld.«

»Sie prostituieren sich und machen sich lächerlich.«

»Wenn du so weitermachst, wirst du zum Sozialfall.«

Er lächelte. Wenn du so weitermachst: Sozialfall, Alkoholiker, Krimineller, Drogensüchtiger. All dies hatte ihm seine Schwester schon prophezeit.

»Ich habe ein Casting nächste Woche.«

»Tatsächlich?« Seine Schwester lächelte kurz, schaute danach aber wieder so skeptisch wie immer, wenn er von neuen Plänen und Möglichkeiten sprach.

»Am Dienstag. Eine Rolle in einem Spielfilm. Keine große Kiste, aber ambitiös.«

»Und was ist das für eine Rolle?«

Er atmete tief durch. Mein Gott, was sie wieder alles wissen wollte. Was hatte er ihr das letzte Mal erzählt? Die Nebenrolle in einem Krimi? Er wußte es nicht mehr.

»Eine Liebeskomödie«, sagte er leichthin.

»Das ist schön.«

»Mal sehen«, sagte er.

»Gehst du vorher noch Haare schneiden?«

Er fuhr sich durch die speckigen Haare. Wozu, wollte er schon fragen, aber als er sah, wie seine Schwester ihre Handtasche öffnete, reagierte er sofort.

»Haare schneiden, Maniküre und ins Solarium«, sagte er.

Seine Schwester nickte und reichte ihm einen Hunderter.

»Ich habe in einer Zeitschrift gelesen, daß viele berühmte Schauspieler im Sternzeichen Waage geboren wurden«, sagte sie.

»Walter Matthau«, sagte er.

»Auch Marcello Mastroianni und Heinz Hoenig; und natürlich Michael Douglas.« Ihre Augen bekamen Glanz. Michael Douglas. Diese Niete konnte er locker an die Wand spielen.

»Matthau ist der Größte«, sagte er.

»Romy Schneider, Brigitte Bardot, Rita Hayworth. Alles Waagen!« rief seine Schwester begeistert.

»Admiral Nelson«, sagte er.

»Auch eine Waage?«

»Stell dir vor, eines Tages werden die Leute meinen Namen ganz selbstverständlich neben all diesen Berühmtheiten nennen. Alles großartige Menschen, geboren im Sternzeichen Waage.«

Die Miene seiner Schwester verdüsterte sich.

»Man muß daran glauben. Das ist das Wichtigste«, sagte er.

»Man kann sich aber auch etwas vormachen. Und das ist nicht gut.«

»Ich werde meinen ersten Oskar dir widmen«, sagte er. Tatsächlich hatte er sich die Dankesrede schon vor Jahren zurechtgelegt. Und sie immer wieder überarbeitet, weil neue Namen dazukamen, andere es nicht mehr wert waren, daß man sie erwähnte.

»Hast du noch Wäsche, die ich mitnehmen kann?« fragte die Schwester und schaute auf die Uhr. Er nickte und gab ihr eine große Sporttasche, gefüllt mit Wäsche und zwei Laken. Seine Schwester verabschiedete sich hastig, sie mußte ihr Kind aus dem Hort abholen und war bereits spät dran. Er genoß die Ruhe, die in das Haus einkehrte. Langsam öffnete er eine neue Dose, nahm einen kräftigen Schluck, ging ins Schlafzimmer und stellte sich vor den Spiegelschrank.

»Ich werde es schaffen«, sagte er und lächelte sich zu.

»Das schaffen Sie nie«, sagte der junge Polizist und zog die Pfeile aus dem Dartboard. Steiner grinste, stellte sich in Position und warf den ersten Pfeil. Doppelacht. Der nächste Pfeil landete in der Zwölf, obwohl er auf die Neun gezielt hatte. Steiner schüttelte den Kopf und kramte eine Zehnernote aus seinem Portemonnaie. Der Polizist freute sich diebisch und steckte die Note ein.

»Etwas anderes«, sagte Steiner.

»Dienstlich?« fragte der Polizist.

»Dienstlich«, sagte Steiner.

Der junge Polizist legte die Dartpfeile weg und zupfte sich die Uniform zurecht.

»Der Tote, den wir gestern gefunden haben. Sein Geburtsdatum ist der 1. Oktober 1969.«

»Sternzeichen Waage«, sagte der Polizist.

»Sie interessieren sich für Astrologie?« fragte Steiner verwundert.

»Ein wenig«, sagte der Polizist.

»Vor ein paar Monaten hatten wir eine andere Tote. Drüben im Fluß. Sah zuerst wie ein Unfall aus.«

»Die Frau ist erschlagen worden, habe ich gehört«, sagte der Polizist.

»Erschlagen«, sagte Steiner und nickte langsam.

»Gibt es Parallelen?« fragte der Polizist, sichtlich stolz, daß Steiner ihn in diesen Dialog verwickelte.

»Eine Parallele. Ich bin zufällig darauf gestoßen. Im Computer, als ich verschiedene Daten miteinander verglich. Sie kennen das vielleicht. Man blättert im Telefonbuch und stellt plötzlich fest, daß an einer Straße zwei Leute wohnen, die man kennt.«

Der junge Polizist nickte eifrig.

»Die Opfer lebten an derselben Straße?«

Steiner lächelte.

»Nein. Aber sie wurden in derselben Stadt geboren. Grünwil.«

»Das ist auf der anderen Seite des Hügels. Nicht ungewöhnlich. Meine Mutter wurde auch in Grünwil geboren.«

»Am 1. Oktober?« fragte Steiner süffisant.

»Nein. Im Dezember«, sagte der Polizist. Er errötete leicht, weil ihm offenbar nicht sofort das genaue Datum einfiel. »Am 5. Dezember. Sternzeichen Schütze«, fügte er dann hinzu.

»Die beiden Opfer wurden am 1. Oktober geboren.«

»Das ist ungewöhnlich«, sagte der Polizist.

»Ein seltsamer Zufall vielleicht, aber nicht ungewöhnlich. Es gibt nur 365 mögliche Geburtsdaten, sieht man einmal vom 29. Februar ab. Selbst in einem mittelgroßen Dorf gibt es praktisch immer mehrere Menschen, die am selben Tag Geburtstag haben«, sagte Steiner.

»Daran habe ich noch gar nie gedacht«, sagte der Polizist, ein wenig ratlos, weil ihm unklar war, worauf Steiner hinauswollte.

»Am 1. Oktober und im selben Ort«, sagte Steiner.

»Wie alt waren die beiden Opfer?« fragte der Polizist.

Steiner machte einen Schritt auf den Polizisten zu und klopfte ihm anerkennend auf die Schulter.

»Derselbe Jahrgang?« fragte der Polizist ungläubig.

»Beide wurden am 1. Oktober 1969 in Grünwil geboren.«

»Das ist ungewöhnlich«, sagte der Polizist.

»Allerdings«, sagte Steiner.

»Aber wer könnte ein Motiv für diesen Doppelmord haben?« fragte der Polizist.

»Das herauszufinden gehört zu unseren Aufgaben. Ich habe mich erkundigt. Am 1. Oktober 1969 wurden in Grünwil vier Geburten gemeldet. Die beiden Opfer und zwei andere. Wenn es der oder die Täter aus irgendeinem Grund auf die Menschen abgesehen haben, die an jenem

Tag in Grünwil geboren wurden, dann ...« Steiner machte eine Pause und sah den Polizisten herausfordernd an.

»Dann sind die beiden anderen in Lebensgefahr.«

Steiner nickte.

»Man muß sie warnen«, sagte der Polizist.

»Ich warne dich«, sagte Yvonne und hielt Florian den Drohfinger unter die Nase.

»Nur noch dieses eine Mal«, sagte Florian.

»Dein Vater braucht einen Entzug, er muß in eine Klinik.«

»Er überlebt die Nacht nicht, wenn ich ihm nichts bringe.«

»Er droht dir damit, sich umzubringen. Das ist alles, was er noch kann. Leere Drohungen.«

»Er mag dich«, sagte Florian.

»Er mag meine Titten. Starrt dauernd darauf.«

»Liegt halt in der Familie. Ich stehe schließlich auch auf deine Titten«, lachte Florian.

»Das ist nicht lustig, Flo«, sagte Yvonne.

»Hört doch endlich auf damit«, sagte Martin und stand auf. Die Sonne war hinter dem Hügel verschwunden. Und er hatte Hunger.

»Er ist mein Vater«, sagte Florian trotzig.

»Er gehört in Behandlung«, beharrte Yvonne.

»Und ich gehe was essen«, sagte Martin.

»In eine Pizzeria?« fragte Florian.

»Allein«, sagte Martin.

»Wir essen dir schon nicht deinen Lohn weg, du Spießer«, sagte Yvonne. Spießer, Geizhals, Spielverderber. Jedesmal mußte er sich das anhören, wenn er die beiden nicht zum Essen einlud.

»Ich will einfach meine Ruhe haben«, sagte Martin.

»Kein Problem. Es gibt mehr als eine Pizzeria in der Stadt«, sagte Yvonne grinsend.

»Ihr könnt ja einen Kredit aufnehmen und damit im Internet eine Pizzeria eröffnen«, sagte Martin und ging an den beiden vorbei.

»Du kannst uns doch nicht einfach mit leerem Magen zurücklassen«, rief ihm Florian nach.

»Yvonne kann kochen«, rief Martin zurück.

»Scheißkerl«, schrie Yvonne.

Ihr mich auch, dachte Martin und öffnete die Wohnungstüre.

»Wohin gehst du?« fragte Florian.

»Nach Hawaii«, sagte Martin und schloß die Tür hinter sich zu. Er mußte seinen Kopf durchlüften. Und er hatte eine Verabredung.

Martin stieg in seinen Wagen und fuhr los. Er fuhr die alte Landstraße entlang. Wenig Verkehr, ein paar Radfahrer. Versperren die ganze Straße, dachte Martin. Fahren wie Idioten. Er überholte zwei Radfahrer in Renndreß, beide braungebrannt, beide über fünfzig. Alte Säcke, die sich was beweisen wollen. Hinter dem Hügel sah man Grünwil. Martin kannte fast jede Straße, jede Kreuzung. Überall Spuren und Erinnerungen. Die Schule, die erste Liebe, die Prügel, der Töffunfall, das Schützenfest, die heimliche Liebe zur Nachbarin, der Tod der Mutter, die Lehrstelle. Das erste Auto. Sein Traum war es immer, wegzukommen aus Grünwil, irgendwo in die weite Welt. Aber er hatte es nie sehr weit geschafft. Die Heirat, die kaputte Beziehung, die Scheidung, die neue Stelle als Magaziner. Die Alimente für ein Kind, das er kaum noch sah.

Er fuhr rechts ran, stellte den Motor ab. Der Horizont leuchtete rot. Eines Tages mußte er es wagen. Einfach wegfahren. Bis zum Horizont und noch ein bißchen weiter. Ein Mann spazierte an seinem Wagen vorbei, schaute argwöhnisch zurück. Nachbarn, dachte Martin, schaute in den Rückspiegel und streckte die Zunge heraus. Langsam fuhr er weiter. Beschleunigte erst, als er sah, daß sich ein Kastenwagen von hinten näherte. Er fuhr zügig durch Grünwils Straßen, bis zur Stadtgrenze, bog auf die Landstraße ein und genoß es, direkt in den Sonnenuntergang zu fahren.

Die Tobelrütistraße lag zwischen zwei Dörfern, eine schmale Privatstraße, frisch geteert. Eine Einfamilienhaussiedlung, weiße Häuser, die Gärten noch braun, einige Zufahrtswege nicht gepflastert. Martin hielt nach der Nummer 36 Ausschau, doch die weißen Häuser endeten bei der Nummer 34, dahinter Bauland und ein Acker. Er fuhr weiter. Am Ende der Tobelrütistraße stand ein altes, baufällig wirkendes Haus. Nummer 36. Er legte den Rückwärtsgang ein, fuhr ein paar Meter zurück und parkte neben einem grünen Van. Als er den Motor abstellte, sah er, wie sich ein anderer Wagen näherte. Ein Polizeiauto. Martin blieb sitzen und wartete. Die Polizisten fuhren an seinem Wagen vorbei und hielten vor dem baufälligen Haus. Sie stiegen aus und gingen auf die Haustüre zu. Ein Betrüger, dachte Martin. Sie verhaften ihn und Hawaii löst sich in Luft auf. Mist, dachte er, schlug mit der Faust auf das Lenkrad und berührte dabei die Hupe.

Zuerst hörte er das Hupen und gleich darauf die Türklingel. Er schaltete den Fernseher aus. Ausgerechnet jetzt.

Walter Matthau war gerade dabei, es der Polizei und seinen Komplizen zu zeigen. Matthau gegen den Rest der Welt. Als er sah, wer vor der Tür stand, erschrak er. Denk an Matthau, dachte er und atmete tief durch.

»Ich verstehe nicht, was das mit mir zu tun hat«, sagte er. Einer der Polizisten ließ seinen Blick durch die Küche schweifen. Zum Glück hatte seine Schwester heute geputzt. Es war der Dicke, der sich ständig umschaute. Der Dünne spielte dafür dauernd an seiner Armbanduhr herum; zog an den Knöpfen. Es war eine dieser Uhren mit unzähligen Knöpfen: Stoppuhr, Weltzeit, Mondzeit, Sternenzeit, Hundertjähriger Kalender, alles in eine Uhr gepackt, dick und schwer. Der Dünne schaute nicht von seiner Uhr auf, als er ihm noch einmal erklärte, weshalb man sich zu ihm bemüht hatte.

»Die beiden Opfer wurden am selben Tag wie Sie geboren. Im selben Jahr und im selben Ort.«

»Ich kenne diese Leute nicht. Kennen Sie die Leute, die neben Ihnen im Gebärsaal lagen?«

»Nein, natürlich nicht«, sagte der dünne Polizist. Der Dicke räusperte sich.

»Wir möchten Sie nicht unnötig beunruhigen. Andererseits wäre es fahrlässig, wenn wir Sie nicht auf diesen seltsamen Umstand aufmerksam machen würden«, sagte der dicke Polizist. Hat sich den Satz vermutlich vorher zurechtgelegt, dachte er. Großer Auftritt, großer Abgang. Ich werde ihn an die Wand spielen, dachte er.

»Es könnte also sein, daß irgendein Verrückter alle Leute umbringt, die an einem bestimmten Tag in ein und demselben Ort geboren wurden?« sagte er und betonte dabei zwei Worte falsch, was prompt Wirkung zeigte. Die beiden Polizisten sahen ihn verwundert an. Aufmerksamkeit auf sich ziehen und dann zuschlagen, dachte er.

Martin schlug die Tür seines Wagens heftig zu, so wie er das oft tat, wenn er in einer Gegend parkte, in der jedes laute Geräusch Bewegungen hinter den Fensterscheiben verursachte. Er war es leid, von Florian und Yvonne permanent als Spießer abqualifiziert zu werden. Hier lebten sie, die echten Spießer, und er wußte genau, daß Florian und Yvonne eines Tages auch hier enden würden. Ob mit oder ohne eigenem Geschäft. Hier landeten sie alle früher oder später. Einfamilienhaussiedlung, grüner Rasen und bellende Hunde.

Es waren zehn Minuten vergangen, seit die Polizisten weggefahren waren. Zu zweit, ohne jemanden zu verhaften. Ein wenig seltsam erschien ihm das schon, andererseits hatte er auch schon unliebsame Besuche uniformierter Beamter erhalten, als sein Kumpel, mit dem er die Lehre machte, wegen Diebstahls verhaftet worden war und die Polizei in Martin einen Komplizen vermutet hatte. Machen Sie es sich und uns einfacher, gestehen Sie, das wird sich zu Ihren Gunsten auswirken. Denkste. Abgestritten hatte er alles, und bewiesen werden konnte ihm nichts, weil es nichts zu beweisen gab. Der Kumpel erhielt zwei Monate bedingt. Martin hatte ihn später aus den Augen verloren, wie so viele.

Er wartete vor dem Haus, sah, wie eine Katze unter seinen Wagen kroch. Ungewöhnlich war es schon. Ein Unbekannter, der anruft, gleich zur Sache kommt. Martin hatte die Stimme noch im Ohr.

»Sie wurden am 1. Oktober 1969 in Grünwil geboren?«

»Ja.«

»Gratuliere.«

»Es ist Juli, es dauert noch eine Weile bis zu meinem Geburtstag.«

»Aber freuen dürfen Sie sich schon heute.«

»Und worüber?«

»Waren Sie schon einmal auf Hawaii?«

»Nein.«

»Würde es Sie reizen, einmal nach Hawaii zu fliegen?«

»Warum nicht?«

»Charlie Inderbitzin lebt seit fünf Jahren auf Hawaii.«

»Ich kenne niemanden, der so heißt.«

»Sie waren diesem Charlie aber einmal sehr nahe.«

»Tatsächlich?«

»Er lag neben Ihnen. Im Spital.«

»Ich erinnere mich nicht.«

»Kein Wunder. Sie waren damals noch sehr jung.«

»Ich war als Kind nie im Spital.«

»Doch. Einmal.«

»Jetzt verstehe ich. Bei der Geburt?«

»Genau. Charlie Inderbitzin wurde ebenfalls am 1. Oktober 1969 in Grünwil geboren.«

»Und jetzt lebt er auf Hawaii?«

»Genau.«

»Und ich soll ihn besuchen?«

»Er lädt sie ein. Charlie Inderbitzin hat bei einer amerikanischen Lotterie mitgespielt und mehrere Millionen Dollar gewonnen.«

»Ein richtiger Glückspilz.«

»So ist es. Er möchte dieses Glück teilen. Er hat seine Freunde beschenkt und jetzt möchte er auch allen, die am selben Tag wie er und im selben Spital geboren wurden, eine Freude bereiten.«

»Sind das viele?«

»Nein, nein, nur ein paar. Er hat mir den Auftrag gegeben, nach diesen Leuten zu suchen. Charlie möchte Sie einladen, zwei Wochen auf Hawaii, und er wird Ihnen dort ein Geschenk machen.«

»Millionen von Dollars?«

»Nicht ganz so wild. Wieviel verdienen Sie in einem Jahr?«

»Nicht viel. Ich arbeite als Magaziner. Achtzig Prozent.«

»Dann hätten Sie gegen einen Zustupf von sagen wir fünfzigtausend Dollar sicherlich nichts einzuwenden?«

»Hören Sie mal. Verarschen kann ich mich selber. Sind Sie so ein Scherzkeks vom Radio?«

»Ich verstehe, daß Sie mißtrauisch sind. Aber lassen Sie uns die Details doch bei einem Bier besprechen. Besuchen Sie mich. Ich werde Ihnen den Brief zeigen, den mir Charlie geschickt hat und natürlich Fotos von Charlie. Schauen Sie doch in den nächsten Tagen bei mir vorbei. Und bringen Sie Ihren Paß mit, damit ich Charlie eine Kopie nach Hawaii faxen kann. Er freut sich schon, sozusagen seine Zwillingsgeschwister kennenzulernen.«

Der Fremde hatte nicht so geklungen wie diese überdrehten Witzbolde, die sich solche Scherze ausdachten, um Leute hereinzuleimen. Auch nicht wie ein Irrer, der unbekannte Leute anrief, weil ihm langweilig war oder weil er keinen hochkriegte. Er hatte sich so angehört, wie einer, der den Auftrag gefaßt hatte, ihn, Martin, ausfindig zu machen. Martin hatte sich oft vorgestellt, daß eines Tages so etwas passieren würde in seinem Leben. Meist kreisten die Phantasien um eine Frau, älter als Martin, reich und unbefriedigt. Oder eine überraschende Erbschaft. Er wußte allerdings von keinen Verwandten, deren Ableben für ihn finanziell interessant sein könnte. Reichtum ohne Risiko. Das war es. Geld zu investieren war ihm ein Greuel. Kollegen hatten ihn einmal dazu ermuntert, ein paar Aktien zu kaufen. Die Berg- und Talfahrt der Titel bereitete ihm schlaflose Nächte. Als er die Papiere schließlich entnervt wieder verkaufte, hatte er nichts gewonnen und nichts verloren. Mehr als 5 000 Franken hatte er nie gespart. Er sparte eigentlich nur, um sich alle drei bis vier Jahre wieder einen Gebrauchtwagen zu kaufen. Kein Leasing, keine Kredite. Schulden waren nicht sein Ding. Florian und Yvonne würden sogar ihr Kind, das sie nicht hatten, verpfänden, um zu Geld zu kommen. Wahrscheinlich würden sie auch Organe spenden, je eine Niere opfern, um danach auf dem Internet Nierentische zu verhökern. Wieso nicht Hawaii, dachte Martin.

»Wieso eigentlich Hawaii?« fragte Yvonne. »Hat er das nur so gesagt, oder hat er das etwa ernst gemeint?«

»Was weiß ich«, sagte Florian. »Eine dieser idiotischen Ideen von Martin.«

»Und wenn er tatsächlich weggeflogen ist?«

»Ach was. Er will uns nur ärgern. Vielleicht verschwindet er für ein, zwei Tage, damit die anderen vor Neid platzen. So ist er, unser Martin.«

»Und weshalb sucht die Polizei nach ihm?«

»Die sahen nicht so aus, als würden sie nach ihm suchen. Die wollten wahrscheinlich nur eine Auskunft.«

»Die haben gemieft«, sagte Yvonne und rümpfte die Nase.

»Gehört wahrscheinlich zur Polizeitaktik. Damit die Täter schneller gestehen bei einem Verhör.«

»Und wenn Martin in etwas verwickelt ist?«

»Martin doch nicht. Macht sich doch in die Hose.«

»Vielleicht unterschätzen wir ihn.«

»Ach was. Der lebt doch nur mit uns in dieser WG, damit er etwas mitbekommt vom Leben. Geht doch sonst alles an ihm vorbei. Martin ist einer dieser Typen, die gerne am Abenteuer schnuppern, aber kein Risiko eingehen möchten.«

»Vielleicht hat er eine neue Freundin?« fragte Yvonne, und so ganz wohl schien ihr bei dem Gedanken nicht zu sein.

»Und was ist mit seiner neuen Freundin?« fragte Steiner.

»Die will nichts mehr von ihm wissen«, sagte seine Frau.

»Und jetzt liegt er den ganzen Tag herum und hört Musik?«

Steiners Frau zeigte in den Garten.

»Ist immer noch besser, als draußen herumzuhängen«, sagte sie.

»Was haben wir bloß falsch gemacht?« fragte Steiner, lächelte aber dabei.

»Unserer Tochter gefällt es in Paris.«

»Kein Wunder«, brummte Steiner. »Mir würde es auch gefallen in Paris.«

»Dann laß uns doch wieder einmal wegfahren. Nur wir zwei.«

»Geht jetzt nicht.«

»Die beiden Morde?« fragte Steiners Frau besorgt und

wandte sich einer Schüssel zu, in der gekochte Kartoffeln lagen. Sie begann sie zu pellen.

»Vielleicht hätte ich den beiden Personenschutz zuteilen sollen. Ein Beamter, der in ihrer Nähe bleibt.«

»Du meinst die beiden anderen, die am selben Tag geboren wurden?«

»Es will einfach nicht in meinen Kopf rein, daß das ein Zufall sein könnte.«

»Wie haben die anderen beiden reagiert?«

»Der eine war nicht zu Hause und der andere ist ein seltsamer Kerl.«

»Wie seltsam?«

»Ein Schauspieler.«

Frau Steiner schaute kurz auf.

»Einer, den man kennt?«

»Habe noch nie etwas von ihm gehört. Inderbitzin, Charles. Lebt in einem Haus, das dringend eine Renovation nötig hätte. Von außen sieht es wie unbewohnt aus. Kein Briefkasten, kein Name am Türschild.«

»Kein Briefkasten? Ist das erlaubt?«

»Wahrscheinlich kennt der Pöstler den Inderbitzin. Muß mich genauer erkundigen. Ist vielleicht ein Original. Künstler sind ja manchmal so. Hast du gelesen, die Tessinerin, die in dieser neuen Serie mitspielt, die hat nicht mal einen Fernseher zu Hause.«

»Wir sollten auch wieder mehr lesen«, sagte Frau Steiner.

»Ich habe mir ein Buch besorgt«, sagte Steiner.

»Schön. Ist es ein Roman?«

»Es beschreibt das Innenleben von Serienmördern.«

Frau Steiner atmete hörbar aus. Steiner lächelte.

»Immer im Dienst«, sagte er und hielt die Hand zum militärischen Gruß an die Stirn.

»Leider«, sagte Frau Steiner.

»Dann werde ich jetzt den Sohnemann aus seinem Liebeskummer zerren.«

Steiner stand auf. Seine Frau rückte den Küchenstuhl ein wenig zurecht, damit sie, während sie Kartoffeln pellte, aus dem Fenster schauen konnte.

Martin schaute aus dem kleinen Fenster und sah, wie die Katze, die vorhin noch unter seinem Wagen gelegen hatte, müde den schmalen Weg entlangtrottete und sich schließlich neben einen Baum legte.

»Ich bin Schauspieler«, sagte der Mann und zeigte theatralisch in die Runde, so als säße überall Publikum, das ihm begeistert zuklatschte. Auch das noch, dachte Martin. Erzählt sein ganzes Leben, ehe er zur Sache kommt.

»Was genau muß ich tun, damit ich nach Hawaii fliegen darf? Und wann soll es losgehen?«

»Schön der Reihe nach.«

»Also gut. Ich höre«, sagte Martin und lehnte sich ein wenig zurück, ohne sich jedoch auf dem Stuhl zu entspannen.

»Mein Name ist Inderbitzin. Charles Inderbitzin.« Er verneigte sich leicht. Ein Verrückter, dachte Martin. Ich bin auf ihn hereingefallen. Er sucht nur ein Publikum.

»Sie sagten mir am Telefon, daß Charlie Inderbitzin auf Hawaii lebt.«

»Sagte ich das?«

Martin stand auf.

»Es hat mich gefreut, Sie kennenzulernen, aber jetzt ist es genug.«

»Sie bleiben sitzen!«

Martin wurde zurückgestoßen und setzte sich wieder auf den Stuhl, weil seine Kniekehlen den Stuhlrand berührten.

»Du bleibst sitzen und hörst mir zu«, sagte Inderbitzin. Er nahm ein Messer in die Hand und führte es bedrohlich nahe an Martins Gesicht.

Martin schaute ihn entgeistert an, seine Kopfhaut begann zu jucken.

»Mein Name ist Inderbitzin, Charles Inderbitzin, und ich bin Schauspieler.«

Das hatten wir schon, dachte Martin, selber erstaunt, daß seine Gedanken klar blieben, trotz der Panik, die sich seines Körpers bemächtigt hatte.

»Sie haben noch nie von mir gehört?«

Martin wußte nicht, ob es ein gutes Zeichen war, daß Inderbitzin wieder zum Siezen gewechselt hatte.

»Natürlich haben Sie noch nie etwas von mir gehört.« Inderbitzin fuchtelte mit dem Messer vor Martins Gesicht herum.

»Aber von Walter Matthau haben Sie sicherlich schon gehört?«

»Der Schauspieler?« fragte Martin mit belegter Stimme.

»Er ist ein Gott«, sagte Inderbitzin.

Ein Fanatiker, dachte Martin. Reden lassen, nicht widersprechen.

»Ein Gott«, sagte Martin.

»Ja, ein Gott«, schrie Inderbitzin.

»Ein Schauspielgott«, sagte Martin.

»Der Größte«, sagte Inderbitzin. »Wissen Sie, wann Matthau geboren wurde?«

Langsam dämmerte Martin, worauf Inderbitzin hinauswollte.

»Vielleicht am 1. Oktober?«

»Am 1. Oktober 1920«, und erneut: »Am 1. Oktober«. Er wiederholte das Datum noch einige Male.

»Schon gut, schon gut«, beschwichtigte Martin. »Ich verstehe, worauf Sie hinauswollen. Ich bin auch am 1. Oktober geboren, und Sie sind auch am 1. Oktober geboren. Wir sind alle drei am 1. Oktober geboren.«

»So ist es.« Inderbitzins Stimme senkte sich. Er atmete schwer, räusperte sich.

»Ich möchte, daß Sie es verstehen«, sagte Inderbitzin.

»Was soll ich verstehen?« fragte Martin.

»Schon als Kind wußte ich, daß ich zum Schauspieler geboren bin. Es steckt in meinem Blut, in meinem Gehirn, der Gedanke war übermächtig. Ich bin Schauspieler. Schon mit sechs Jahren wußte ich es.«

Jetzt kommt die ganze Lebensbeichte. Am Schluß bricht er heulend zusammen, und ich kann gehen. Martin sah erleichtert, daß Inderbitzin die Hand senkte, die das Messer hielt.

»Aber um als Schauspieler Erfolg zu haben, benötigt man die ganze Energie, alles, jeder Gedanke muß darauf ausgerichtet sein. Vor ein paar Jahren erst habe ich realisiert, weshalb der große Durchbruch nicht kommen wollte.«

Weil du eine Niete bist, dachte Martin. So einen würden sie doch nicht mal für das alberne Kochstudio im Fernsehen engagieren.

»Ich hab ein Buch über Zwillinge gelesen«, schrie Inderbitzin und hob die Hand mit dem Messer wieder an.

»In Astrologie kenne ich mich nicht aus«, sagte Martin.

»Echte Zwillinge«, schrie Inderbitzin.

»Schon gut«, sagte Martin. »Echte Zwillinge.«

»Zwillinge sind faszinierend«, sagte Inderbitzin.

Dagegen gab es nichts zu sagen.

»Wußten Sie, daß bei eineiigen Zwillingen oft einer stärker ist als der andere? Psychisch, manchmal auch körperlich, aber vor allem im Kopf. Der eine Zwilling läßt den anderen nicht zur Entfaltung kommen.«

»Ich kenne keine Zwillinge«, sagte Martin.

»Und was bin ich?« fragte Inderbitzin.

»Keine Ahnung. Haben Sie Geschwister?«

»Sie sind mein Zwilling«, schrie Inderbitzin, und seine Halsschlagader schwoll an.

Jetzt wird es übel, dachte Martin. Er steigert sich in etwas hinein.

»Ich wurde lediglich am selben Tag wie Sie geboren«, sagte Martin.

»Nicht nur am gleichen Tag, nein, auch am selben Ort, im selben Spital.«

»Ein Zufall«, sagte Martin.

»Ein Zufall?« schrie Inderbitzin. »Die Wissenschaftler sagen, daß alles in den Genen steckt, alles vorprogrammiert ist. Keine Zufälle. Alles schon da.«

»Ob Zufall oder nicht, was spielt es jetzt noch für eine Rolle?«

Inderbitzin lächelte, so als habe ihm Martin das richtige Stichwort gegeben.

»Für mich spielt es eine Rolle. Ich bin Schauspieler, Künstler, der neue Matthau.«

Auch das noch, dachte Martin: Größenwahn.

»Sie sind zweifellos begabt. Sie jagen mir Angst ein. Sie sind ein toller Schauspieler.«

»Ich werde noch viel, viel besser werden.«

»Daran zweifle ich nicht.«

»Bei der Geburt werden wir beseelt«, sagte Inderbitzin überraschend leise. Martin nickte.

»Die Gene sind nicht alles. Bei der Geburt saugen wir Energie auf. Energie, die wir benötigen, um uns später zu behaupten, um zü wahrer Größe zu wachsen, uns zu entfalten.«

Irre Augen, dachte Martin. Starr und funkelnd.

»Bei eineiigen Zwillingen ist es eindeutig. Es ist nicht genug Energie für beide da. Deshalb wird der eine stark und der andere schwach.«

»Es gibt auch Zwillinge, die gleich stark sind«, sagte Martin.

»Davon verstehen Sie nichts«, sagte Inderbitzin. »Ich habe mich damit befaßt, habe alles gelesen, mit Zwillingen gesprochen. Früher, da gab es Hausgeburten, da wurde man alleine geboren. Die ganze Energie konnte man aufsaugen. Doch im Spital muß man alles teilen. Die einen sind schneller, die saugen alle Energie weg.«

»Ich habe niemandem etwas weggenommen«, sagte Martin.

»Und ob du das hast«, schrie Inderbitzin. »Ihr alle. Habt von meinem Talent genommen, von meiner Energie, meinem Glück, alles mußte ich teilen. Deshalb habe ich es nicht geschafft. Noch nicht geschafft.«

»Was wollen Sie von mir?« fragte Martin.
Inderbitzin lächelte, als er zustach.

»Zugestochen. Immer wieder.« Steiner hielt das Messer hoch, das neben der Leiche lag. Der Körper des Toten war mit Einstichstellen übersät. Die Leiche lag im Unterholz, ein Spaziergänger hatte sie entdeckt.

»Wir hätten nach ihm suchen müssen«, sagte Steiner.

»Wer konnte schon so etwas ahnen«, sagte der junge Polizist.

»Jetzt ist es eine Serie«, sagte Steiner.

»Die Medien werden darüber berichten«, sagte der Polizist.

»Ich habe mich erkundigt. So etwas hat es noch nie gegeben. Weltweit.«

»Es macht keinen Sinn«, sagte der Polizist.

»Für den Mörder schon«, sagte Steiner.

»Was ist mit Inderbitzin?«

»Er wird überwacht«, sagte Steiner.

»Überwacht?«

»Er könnte das nächste Opfer sein. Oder auch nicht.«

»Sie glauben, daß er etwas mit den Morden zu tun hat?«

»Ich werde dahinterkommen«, sagte Steiner.

»Sie werden nie dahinterkommen«, sagte Inderbitzin und schaute durch die weißen Vorhänge auf das Polizeiauto, das schräg gegenüber parkte. Dann wandte er sich ab, holte aus dem Kühlschrank eine Dose Bier und ging ins Schlafzimmer. An der Wand hingen Poster, die Walter Matthau in einigen seiner Rollen zeigten. Inderbitzin öffnete die Dose, nahm einen großen Schluck und prostete Matthau zu. Inderbitzin fühlte sich stark.

»Der Durchbruch wird kommen«, sagte er zu Walter Matthau. »Ich spüre, wie die Energie dieser toten Zwillinge mich beseelt.« Er fühlte sich gut, aber noch nicht so gut, wie er glaubte sich fühlen zu müssen, um in die Fußstapfen von Walter Matthau treten zu können. Die Energie, dachte Inderbitzin, ist vielleicht nicht nur im Spital von Grünwil verteilt worden. Hatten nicht alle, die an jenem Tag geboren wurden, von dieser Energie gezehrt, und ihm zwangsläufig etwas weggenommen? Etwas, das ihm jetzt fehlte? Er hatte sich deshalb eine Liste von Personen besorgt, die ebenfalls am 1. Oktober 1969 auf die Welt gekommen waren. Darunter waren auch zwei bekannte Personen. Einer vom Fernsehen und ein Sportler. Er mußte nur ein wenig zuwarten, damit die Polizei keinen Verdacht schöpfte. Matthau kriegte seine erste Filmrolle mit 38. Ich kann mir Zeit lassen, dachte Inderbitzin und trank die Dose leer.

Marlys Millhiser *Filmriß*

Charlie Greene winkte dem Wachmann Shelly zu, der für gewöhnlich immer ein Lächeln für sie bereithielt. Dann fuhr sie auf ihren Parkplatz in der Tiefgarage des Gebäudes der *FFUCWB of P*, der *First Federal United Central Wilshire Bank of Pacific*. An diesem Morgen hatte Shelly anscheinend schlechte Laune.

Charlie zog die Nylonstrümpfe vollends hoch, nestelte die Ohrringe in die Ohrlöcher und zog den Lippenstift nach. Auf ihrem langen Weg zur Arbeit von Long Beach nach Beverly Hills – die ganze Strecke auf der 405 durch Südkalifornien – kam der Verkehr normalerweise immer zum Stillstand, oft für dreißig oder vierzig Minuten. Das gab ihr genug Zeit zu frühstücken, die Haare zu fönen und mit dem Handy Geschäftliches zu erledigen. Sie arbeitete als Literaturagentin in Hollywood, doch die Unterhaltungsindustrie war gleichmäßig auf beide Küsten der USA verteilt. Wegen der dreistündigen Zeitverschiebung waren die Herausgeber, Agenten, Produzenten und Verleger in New York schon beim Mittagessen, wenn sie morgens in die Agentur kam.

Charlie stopfte die Bageltüte in den leeren Kaffeepappbecher, stellte ihn auf das Dach ihres Toyotas und nahm die Handtasche vom Beifahrersitz. Irgend etwas am Wagen nebenan kam ihr komisch vor. Sie griff sich das Notebook, auf dem sie sich Notizen über die Gespräche machte, die sie unterwegs erledigte. Und Notizen für die

Diskussion mit ihrer Tochter über den lächerlichen Teilzeitjob, den das Kind angenommen hatte. Zu guter Letzt schnappte sie sich noch den Computerkoffer mit ihrem Laptop.

Charlie, die Abkürzung für Charlemagne Catherine – ihr Vater war Geschichtsprofessor gewesen –, balancierte alle diese Gegenstände, während sie in die Pumps schlüpfte, dann den Pappbecher vom Dach nahm, ihn in einen Mülleimer in der Nähe warf und schließlich mit einem Knopfdruck auf ihren elektronischen Schlüssel den Wagen abschloß. Moderne Technologie war etwas Wunderbares, aber manchmal kam sie dadurch so in Fahrt, daß sozusagen der Film kurzfristig riß, und sie ein, zwei *Frames* verpaßte, ohne daß sie es mitkriegte. Und Shelly lächelte ihr sonst immer zu und winkte. Mit gutem Grund. Er war nicht nur der Wachmann der Tiefgarage unter dem Bankgebäude, sondern auch ein Autor, den sie vertrat.

Als sie sich auf den Weg zum Aufzug machte, wurde ihr plötzlich bewußt, was sie an dem Wagen nebenan gestört hatte. Es war nicht der Wagen von Richard Morse, und dieser Parkplatz war für ihn reserviert. Er war ihr Boß bei *Congdon & Morse Representation*. Außerdem meldete sich in ihrem Unterbewußtsein eine vage Erinnerung, daß in dem Wagen ein massiger Körper über dem Lenkrad hing.

Wenn man von Filmriß redet ... Da lag ein toter Mann in dem Wagen auf dem Parkplatz, der für ihren Boß reserviert war. Das heißt, er stand nicht richtig auf dem Parkplatz. Der Wagen war ziemlich schief abgestellt worden. Sie balancierte noch einmal ihr ganzes Gepäck und versuchte, an das Handy in der Handtasche zu kommen. Dabei fiel ihr der elektronische Terminplaner aus der Seitentasche des Computerkoffers. Er knallte auf den Betonboden und zersplitterte in mehrere Teile. Im selben Moment klingelte das Handy ganz von allein.

»Hallo, Waage. Ich versuch schon den ganzen Morgen, dich zu erreichen. Du hast deine Mailbox nicht abgehört. Ich hoffe, du bist zu Hause. Hör zu, Charlie, wenn du schon auf dem Weg zur Arbeit bist, dreh um und fahr zurück nach Long Beach – und bleib den ganzen Tag daheim.«

»Bradone?« Unnötige Frage; bei dieser tiefen, melodischen Stimme lag Charlie nie daneben. »Ich kann jetzt nicht mit dir reden. Auf Richards Parkplatz ist eine Leiche.« Der Mann konnte auf keinen Fall mehr am Leben sein, nicht mit dem Messer, das knapp unterhalb des Nakkens aus seinem Rücken ragte. »Ich habe ihn direkt vor mir.«

»Zu spät, verdammt!« Bradone McKinley stieß noch ein paar drastische Flüche aus, die sogar Charlie fast das Wasser in die Augen trieben. »Ich habe mich für ein paar Tage oben im Hilton einquartiert und mußte an dich denken, weil du doch in der Wilshire Street arbeitest. Also habe ich ein Tageshoroskop für dich erstellt. Ich mache so was eigentlich nie, Charlie, aber ich hatte so ein ungutes Gefühl, was dich betrifft.«

Bradone – der Name wurde »Bred-aun« ausgesprochen – war eine ausgeflippte Astrologin, die Charlie in Las Vegas kennengelernt hatte. Die faszinierende Frau verdiente ihren Lebensunterhalt durch Glücksspiel und bekam ihre Tips von den Sternen. Sie machte gutes Geld damit, was nicht hieß, daß sie nicht trotzdem ausgeflippt war.

»Ich würde mich wirklich gerne mit dir treffen, aber ich muß zuerst mal den Mord melden, und ...«

»Moment. Wenn du irgendwie wegkannst, komm um eins zum Lunch in die Celebrity Pit. Ich warte bis um zwei auf dich. Bitte, Charlie.«

Die Celebrity Pit war das neueste, abgedrehte Restaurant mitten in Hollywood. Hier veränderte sich alles mit rasender Geschwindigkeit und geriet immer mehr aus dem Häuschen. Jeder wollte mit dem Wahnsinn der globalisierten High-Tech-Welt Schritt halten, die dabei war, die menschliche Vorstellungskraft zu überrunden. Bradone McKinley nahm einen Schluck Wein und ignorierte geflissentlich ein paar vornehme Herren auf der unteren Sitzebene, die sich unauffällig um Blickkontakt bemühten.

Die Celebrity Pit hatte erst kürzlich in einer Seitenstraße der Wilshire Street eröffnet, und eigentlich war das Lokal als klassische Touristenfalle konzipiert. Doch der Laden war zu einem kultigen Treffpunkt für die echten Berühmtheiten Hollywoods geworden, die unangemeldet zum Essen auftauchten und Gäste wie Personal verwirrten, indem sie sich als Doppelgänger dieser Berühmtheiten ausgaben. Die Bar stand im Zentrum der runden, abgesenkten Halle und war von einer Art Bühne umgeben, auf der sich abends Menschen, die aussahen wie die Beatles, Liberace, Elvis oder die Herbicides, wie wild um die Aufmerksamkeit der Gäste bemühten. Über einen Laufsteg unten in der Halle gelangten die Kellner, die für die Getränke zuständig waren, zu Mel Gibson oder Arnold Schwarzenegger oder wer sonst an dem Abend die Drinks mixte. Sogar die Aushilfs-Bedienung, die abräumte, Wasser ausschenkte und Kaffee nachfüllte, sah fast genauso aus wie Deena Gotmor. Wie der wirklichen Deena fehlte es diesem Mädchen weder an Lippenvolumen und Zähnen noch an Oberweite.

Make-up, Verkleidung, Schönheitschirurgie und Schauspielerei hatten sich in letzter Zeit mit Riesenschritten weiterentwickelt. Würde man den echten Mel Gibson dort unten neben den Barkeeper stellen, könnte man wahrscheinlich den Unterschied erkennen. Aber im Moment sah dieser Kerl genauso aus und schauspielerte genauso wie Mel Gibson. Sogar sein Lächeln war diesem verwirrten Grinsen täuschend ähnlich, das Mel Gibson immer dann bereithält, wenn er demnächst dem Kugelhagel der Angreifer eine Ladung Sprengkörper entgegensetzt, die sogar Materialien, die normalerweise absolut feuerfest sind, in Flammen aufgehen lassen.

Und dort drüben an dem Tisch beim Fenster, war das Charlton Heston oder eine exotische Topfpflanze?

Die Sitzplätze in der Celebrity Pit befanden sich auf kreisförmigen Ebenen rund um die Bar und die Bühne. Hier konnten sich die Gäste fast wie Zuschauer im Colosseum fühlen, wenn die Gladiatoren unten die Christen niedermetzelten. Bradones Tisch befand sich an einer Wand des Restaurants auf einer mittleren Ebene. Die Raumaufteilung war nicht gerade platzsparend, sondern fast unverschämt verschwenderisch. Mit einem Aufzug mußte man vom ebenerdigen Eingang ganz nach oben fahren und von dort über eine Treppe zu der Ebene mit dem reservierten Tisch hinuntersteigen.

Charlie Greene rauschte gerade die Treppen herab auf Bradone zu. Die unzähmbaren bronzefarbenen Locken hatte sie mit einem Stirnband, und nicht wie sonst mit einem Tuch, zurückgebunden, das Licht von der gläsernen Kuppel fing sich in ihren silbernen Ohrringen, sie trug ein blaugrünes Kostüm über einem cremefarbenen Pullover. Ihre Augen waren unverhältnismäßig groß und so braun, daß sie schwarz wirkten. Mit kurzsichtigem Blick, der durch Kontaktlinsen ausgeglichen wurde, suchte sie die Tische nach Bradone ab. Als sie die Freundin entdeckte, lächelte Charlie, und mit dem Lächeln verschwanden die Spuren von Streß aus ihren Gesichtszügen und ihrer Haltung. Sogar ihr Gang wurde entspannter. Auf den unteren Ebenen drehten sich die Köpfe von Bradone zu Charlie Greene.

»Ich dachte eigentlich nicht, daß ich es schaffe, aber heute kommt bei uns sowieso niemand mehr so richtig zum Arbeiten. Irgendwie ist die Agentur in die Ermittlungen hineingezogen worden, weil der Wagen mit der Leiche auf Richards Parkplatz stand und ich den Toten gemeldet habe. Sie haben einen Ausweis bei der Leiche gefunden, es sollte eigentlich keine größeren Probleme geben – er hat im Gebäude gearbeitet, aber nicht bei uns.« Wie üblich überfiel einen Charlie sofort mit Ereignissen und Fakten. Sie arbeitete hart, war eine alleinstehende Mutter mit einer beängstigenden Tochter im Teenager-Alter, und sie begann selten eine Unterhaltung mit Small talk oder Nettigkeiten. Ihre Aura strahlte Lebendigkeit und Energie aus, und der bronzefarbige Heiligenschein leuchtete. Die dunklen Augen verlangten volle Aufmerksamkeit – schon weil man nie wußte, wann Charlie sich wieder verabschieden würde.

Bradone winkte Tom Hanks, er solle Charlie nun ein Glas roten Sonoma servieren. Die Astrologin hatte sich vorher mit dem Kellner über die Bestellung geeinigt, weil sie wußte, daß man keine Zeit verschwenden durfte, wenn man etwas Wichtiges mit dieser geschäftigen Waage besprechen wollte. »War der Tote vielleicht zufällig Anwalt? Oder Richter?«

»Ja, woher weißt du das?« Charlie holte tief Luft, machte es sich auf dem Sitz bequem und nippte an dem Wasser, das die Deena-Gotmor-Doppelgängerin ihr eingeschenkt hatte.

»Hatte er irgend etwas mit einem Museum zu tun oder einer Galerie. Wurde etwas gefunden, das ...«

»Was für ein Museum oder Galerie?« Charlie nahm einen Schluck von dem roten Sonoma.

»Ich meine ein Kunstmuseum oder eine Kunstgalerie – Malerei, Skulpturen?« Mit einem Nicken bedeutete Bradone Tom Hanks, daß er jetzt die knusprigen Brötchen mit Butter servieren könne.

»Also, was soll denn die Fragerei?« Charlie brach erst einmal ein Brötchen auseinander und bestrich es mit echter Butter.

»Charlie, ist dir eigentlich bewußt, daß heute dein Geburtstag ist? Die Wiederkehr deines Sonnenzeichens? Die Sonne ist genau zu der Position im Tierkreis zurückgekehrt, an der sie stand, als du geboren wurdest.«

»Also, nein, Bradone, ich will von diesem Astrozeugs nichts hören, okay? Ich habe noch viel zu arbeiten und bin mit allen diesen tollen Deals beschäftigt, die kurz vor dem Abschluß stehen. Und von diesem toten Anwalt mit dem Messer im Rücken und dem Bild auf dem Rücksitz will ich auch nichts hören. Ich habe keine Zeit für so was.« Charlie fuhr sich mit den Fingern durch die rebellischen Locken.

»Und Libby Abigail Greene hat beschlossen, daß sie eine glänzende Karriere im Telemarketing-Geschäft machen will.«

»Was für ein Bild?«

Das Tagesessen *Spezial* war eine Kreation aus eisgekühlten, gepulten Shrimps, Krebs- und Hummerfleisch mit hartgekochten Eiern auf verschiedenen Salaten angerichtet, mit marinierten Pilzen, roten, orangen und gelben Paprika und gehackten Frühlingszwiebeln. Zusammen mit Brot und Wein stellte der Salat sogar die hektische Karrierefrau für eine Weile ruhig. »Bradone, nur weil du gestern abend im Hotelzimmer mein Horoskop auf dem Laptop erstellt hast, konntest du doch nicht wissen, daß ich heute morgen einen toten Anwalt mit einem Bild im Wagen finden würde.«

»Nein, aber ich wußte, daß in dieser Jahreszeit Waage-Elemente wie Beziehungen, Gerechtigkeit, Anwälte, Kunst, Harmonie, Auseinandersetzung und Ausgeglichenheit stärker zum Tragen kommen. Und es klingt ganz so, als ob sich zum Beispiel Auseinandersetzung darauf bezieht, daß es dir nicht gefällt, daß Libby im Telemarketing-Bereich arbeitet.«

»Mein Gott, du bleibst wohl nie bei einem Thema. Aber es ist schön, dich wieder einmal zu sehen. Also, er hieß Bob Shapiro und war Anwalt für Medienrecht. Die machen sich eine Menge Feinde. Unsere Agentur teilt sich den fünften Stock des *FFUCWB of P* mit ihm und einer ganzen Brüderschaft von Anwälten.«

»Also hast du ihn gekannt?«

»Ich kannte ihn vom Sehen, mehr nicht. Er hat manchmal etwas für die Agentur gemacht. Aber keine Verträge von meinen Autoren.«

»Dann hatte er eine Verbindung zu *Congdon & Morse Representation*. Ihr seid euch auf dem Gang begegnet.«

»Nein, unsere Büros liegen nicht am selben Gang und haben sogar verschiedene Aufzüge. Wir teilen uns einen Sitzungsraum, aber der ist immer tageweise für sie oder uns gebucht.«

»Aber das ist die Verbindung, Charlie. Deine Agentur und seine Kanzlei sind im selben Stock desselben Gebäudes, und ihr arbeitet beide in der Unterhaltungsindustrie.«

»Und was ist mit Harmonie, Ausgeglichenheit und Gerechtigkeit?«

»Diese Elemente werden sich schon noch zeigen, bevor der Tag zu Ende geht, das kannst du mir glauben. Aber ich weiß, daß du Mars im achten Haus hast, in Opposition zu deiner Sonne-Sonne-Konjunktion. Das kann bedeuten, daß durch diese ganze Waage-Energie etwas Grausames und Gefährliches in Gang gesetzt wird.«

»Daß Shapiro in seinem Wagen erstochen wurde, ist dir nicht grausam und gefährlich genug?«

»Ich rede von einer Gefahr, die *dir* droht.«

Charlie saß in ihrem Büro im Gebäude der *First Federal United Central Wilshire Bank of Pacific*. Sie trank Milchkaffee aus einem Pappbecher, den ihr die Sekretärin aus der Coffee Bar unten an der Wilshire Street geholt hatte. In der unbewegten, verpesteten Luft hingen die weichen Palmwedel vor ihrem Fenster still und schläfrig herab. Die Reihe von Palmen, die vor dem Gebäude aus Ritzen im Gehwegbelag gewachsen waren, trieben erst auf der Höhe ihres Stockwerks Blätter. Aber sie wuchsen weiter und verlagerten ihre Kronen immer höher, so daß Charlie bald nur noch die Stämme sehen würde, deren Oberfläche sie an eine reife, umgedrehte Ananas erinnerte. Jemand im Stockwerk über ihr konnte sich dann am Anblick der Palmwedel erfreuen.

Charlie streifte die Schuhe unter dem Schreibtisch ab und dachte über die Worte ihrer liebenswerten, aber verrückten Astro-Freundin nach. Und sie machte sich Sorgen wegen der Entscheidung ihrer Tochter, die einen absolut passenden Nebenjob für Schülerinnen als Bedienung in einem Restaurant in Long Beach aufgegeben hatte für etwas, das eine »Karriere« werden sollte.

»Wir legen immer auf, wenn so ein Telemarketing-Mensch uns am Telefon etwas andrehen will, Libby. Warum bildest du dir ein, daß du mehr Glück haben wirst?«

»Ich muß nur alle möglichen Telefonnummern anrufen, bis jemand nicht auflegt. Dann schalte ich sie auf eine andere Leitung, wo die Jungs vom Verkauf ihre Nummer abziehen.«

»Und das soll eine Karriere sein?«

»Man arbeitet sich zum Verkäufer hoch, und da verdient man dann richtig Geld. Und bis es soweit ist, muß ich nicht mehr stundenlang mit schweren Tabletts durch die Gegend laufen. Ich arbeite nur abends und am Wochenende, wenn die Leute daheim sind.«

»Wenn sie daheim sind und zu Abend essen, Hausaufgaben machen, schlafen, ihr Leben leben. Libby, ich dachte, die Telefongesellschaften bieten inzwischen diesen Service an, bei dem man sich registrieren lassen kann, wenn man nicht von Telefonwerbern belästigt werden will. Dieser *No Solicitation Service*. Hat der nicht Telemarketing aus der Welt geschafft?«

»Die haben, glaube ich, einen Dreh gefunden, wie sie das umgehen können. Die finden doch immer was. Vielleicht haben sich auch nicht so viele Leute für den *No Solicitation Service* registrieren lassen.«

Und vielleicht muß jeder die schlechten Erfahrungen in seinem Leben selbst machen, ermahnte Charlies innere Stimme. Es war nur so: Libby war ein Meter siebzig groß, eine wasserstoffblonde Superbombe, und ihre Mutter befürchtete, daß der gesunde Menschenverstand der Kleinen niemals mit ihrer BH-Größe mithalten konnte. Wer so wenig von dem mitbekam, was heute vor sich ging, und zu einem Zeitpunkt, da Internet-Marketing schon fast eine übermächtige Realität geworden war, mit Telemarketing anfangen wollte, der war Verbrechern jeglicher Couleur hilflos ausgeliefert.

»Larry«, brüllte sie vor zu ihrem Assistenten (sprich: Sekretär), der in dem abgetrennten Bereich saß, der ihr Büro vom Gang abschirmte, »hat irgend jemand erwähnt, was das für ein Bild auf dem Rücksitz von Bob Shapiros Wagen war?«

»Ja, eine Frau, die eine antike Waage hält. So eine, bei der man die Dinge, die man wiegen will, auf Schalen legt, die an Ketten hängen.« Sogar seine Stimme klang erotisch. »Ich weiß nicht, ob es von einem berühmten Maler war.«

»Hatte sie eine Augenbinde?« Dann war es eine Darstellung der Gerechtigkeit – eines von Bradones »Elementen«.

»Das weiß ich auch nicht.« Der schönste Mann der Welt kam herein und stellte sich im Türrahmen in Positur. »Bitte sag mir, daß du nicht wieder losziehst und die Privatdetektivin spielen willst. Das Leben war gerade so friedlich hier. Du mußt Leute anrufen, die schon seit einem Monat auf deinen Rückruf warten, Boß.«

»Da hast du recht. An die Arbeit.«

Larry Mann, ein hoffnungsvolles Schauspieltalent, der nur solange ihr Sekretär war, bis er den großen Durchbruch im Showbusineß schaffte, war auch einer von Charlies besten Freunden. Wäre er nicht schwul – wer weiß, was daraus hätte werden können?

»Andererseits, es hätte auch eine Abbildung des Sternzeichens Waage sein können. Herzlichen Glückwunsch, Boß.« Larry Mann stellte ein hübsch verpacktes Geschenk auf ihren Schreibtisch.

»Ich dachte, ich hätte diese Geburtstagssache geheimgehalten.«

»Du hast keine Geheimnisse vor deinen engsten Mitarbeitern, Charlie, vor allem nicht vor denen, die für dich kleine Fleißarbeiten erledigen, wie zum Beispiel Formulare ausfüllen.«

In dem Paket war eine anmutige, ungefähr dreißig Zentimeter hohe Porzellanfigur, die die astrologische Göttin Libra mit ihrer Waage darstellte, oder was immer sie auch personifizieren sollte – die Waagschalen und die Ketten sahen aus wie echtes Gold. »Das ist wunderschön, Larry.« *Wie du.* »War das auch auf dem Bild von Shapiros Rücksitz?«

»Ich habe das Bild nicht gesehen, Richard hat mir nur davon erzählt. Stew und ich haben diese Figur schon vor vier Monaten auf einem Flohmarkt für dich gekauft.« Stewart Claypool war der Lebensgefährte von Larry Mann und das Beste, was ihm je passiert war. »Aber du kannst glauben, was du willst.«

»Was für eine Bedeutung hat die Figur? Weißt du es?«

»Sie bedeutet, daß du etwas Besonderes bist.«

»Los, Kleiner, wieder an die Arbeit. Ich hab was mit Charlie zu bereden.« Richard Morse unterbrach ihren Büroplausch. Er gehörte zu der Sorte Hollywood, die Unhöflichkeit für eine Tugend hält – was wahrscheinlich auf die Mehrheit der Bewohner Hollywoods zutrifft –, aber er war auch der Aufsichtsratsvorsitzende der Agentur. Von seinen Bürofenstern konnte er auf eine ganze Menge Palmenwedel hinunterschauen.

»Also, Charlie«, sagte der kleine Richard fast im gleichen Atemzug, als er die Bürotür endlich hinter dem großen Larry zumachen konnte, »was hat es mit diesem Mord hier im Gebäude auf sich? Ich habe keine Zeit für so eine Scheiße.«

»Ich weiß nicht, was es damit auf sich hat. Ich kannte Shapiro nicht mal so gut wie Sie.«

»Guter Mann. Frau, zwei Töchter. Harter Brocken bei Vertragsverhandlungen, wenn er einen Vorteil rausschlagen konnte.«

»Warum hatte er ein Gemälde auf dem Rücksitz?«

»Woher soll ich das wissen? Was hat das überhaupt mit der Sache zu tun? Er ist nicht wegen des Bildes ermordet worden, sonst hätte der Mörder es mitgenommen. Ich will wissen, was er auf meinem Parkplatz verloren hatte. Er hat seinen eigenen auf der anderen Seite der Tiefgarage – hat dort seit Jahren geparkt.«

»Vielleicht hat er den Wagen dort nicht selbst abgestellt. Vielleicht hat das der Mörder für ihn getan. Wissen Sie, was auf dem Bild war?«

»Klar.« Richard Morse von *Congdon & Morse* zeigte

auf das Geburtstagsgeschenk von Stew Claypool und Larry Mann. »Das da war drauf. Die Bullen haben es mir gezeigt – wollten wissen, ob es mir gehört. Können Sie sich vorstellen, daß ich so einen Schrott bei mir zu Hause an die Wand hänge? Ein flatterhaftes Weibstück in Schleiergewändern, die die Waage der Gerechtigkeit mit sich rumschleppt und nicht mal 'ne Augenbinde trägt? Himmel.«

»Sah sie genau aus wie die?«

»Ein bißchen dilettantischer, könnte eine von den Töchtern gemalt haben. Die Proportionen haben nicht gestimmt, wissen Sie, Hände, Knie, Nase, Bauch und so, hat alles nicht richtig zueinander gepaßt.«

»Erzählen Sie mal mehr von Bob.«

»Ein Sekunde, Süße. Ich will nicht, daß Sie diesen Mord unter die Lupe nehmen. Er war nicht von unserer Agentur, und wir alle wissen, in welche Schwierigkeiten Sie immer geraten, sobald die Bullen auf der Bildfläche erscheinen. Ich will nur wissen, was es damit auf sich hat, daß eine seiner Töchter eine Freundin von Ihrer Kleinen ist.«

»Wohnen die Shapiros in Long Beach?«

»Malibu. Aber die Kleine von Bob und Ihre Kleine arbeiten für denselben Arbeitgeber, das hat die Polizei aus Alex Shapiros E-mail-Adreßbuch. Und das ist die einzige Verbindung, die sie zwischen dem Vater der Kleinen und uns finden können – außer einer Vertragsverhandlung, die drei Jahre zurückliegt und schon längst unter Dach und Fach ist.«

»Ich frage Libby heute abend danach.«

Als Charlie später von der Damentoilette hinten im Gang zurückkam, fand sie einen Detective Nicholas Roberts vom *Beverly Hills Police Department* in ihrem Büro vor. Ein Besuch, der mit Sicherheit garantierte, daß sie auch an diesem Nachmittag nicht mehr zum Arbeiten kam. Der Detective sah aus wie ein kleinerer, jüngerer Clint Eastwood. Und verständlicherweise, weil sie heute so von der Rolle war, erwähnte sie ihm gegenüber laut, an wen er sie erinnerte.

Er starrte sie lange und hart an, genau wie Clint es getan hätte. Dann sagte er ohne jede Spur von Humor: »Es ist interessant, finden Sie nicht, wie wir die Menschen immer so sehen, daß sie unseren vorgefertigten Vorstellungen entsprechen?«

»Wie bitte?« Charlie wollte sich gerade in ihren Chefsessel hinter den Scheibtisch setzen und die Pumps abstreifen, aber der Bulle winkte sie zur Couch in der Sitzecke, wo auch noch zwei Sessel und ein kleines Tischchen standen, auf dem ein elegantes Arrangement aus künstlichen Blumen lebendigen Staub ansammelte.

Er setzte sich in den Sessel ihr gegenüber, und irgendwie wurde sein Platz zum Chefsessel. »Ich höre, Sie kennen einen Mr. Sheldon Maypo.«

»Shelly gehört zu den Autoren, die ich vertrete.«

»Er ist Wachmann hier im Gebäude.«

»Die meisten meiner Autoren üben tagsüber noch einen Zweitberuf aus.«

»Tja, nun, ich hoffe, er ist über seinen Job krankenversichert. Er hat gerade eine schwere Operation überstanden.«

Detective Nicholas Roberts konnte die großkotzige Frau mit ihrem gestylten Büro nicht ausstehen. Ihre rauhe Stimme klang nach einem Flittchen, und in ihrer direkten

Art lag nichts, das ihr kurzangebundenes Benehmen entschuldigen könnte. Selbst Frauen in hohen Positionen fingen für gewöhnlich an, sich zu rechtfertigen, wenn ein Mord in ihrem Leben passierte. Aber Agenten jeder Art waren in Hollywood gesucht – das war dieser hier wahrscheinlich zu Kopf gestiegen. Sie machte deutlich, daß sie nicht besonders von ihm beeindruckt war. Aber gut, er genausowenig von ihr. »Wann haben Sie diesen schriftstellernden Wachmann zum letzten Mal gesehen?«

»Heute morgen. Was wollen Sie damit sagen, Operation? Wie ernst ist es?«

»Ist Ihnen irgend etwas Ungewöhnliches an ihm aufgefallen?«

»Er hat mir nicht wie sonst zugewinkt.«

»Sind Sie sicher, daß es Mr. Sheldon Maypo war, den Sie gesehen haben, kurz bevor Sie in die Tiefgarage unter dem Bürogebäude gefahren sind und einen Toten entdeckt haben? Haben Sie nicht nur jemanden gesehen, den Sie sehen wollten?«

»Ja, ich bin mir sicher, warum? Und warum mußte er operiert werden?«

»Dann ist er der Mörder von Robert Shapiro und hat selbst auf sich geschossen, um den Verdacht von sich abzulenken.« Roberts wollte sehen, wie sie reagierte.

»Auf Shelly ist geschossen worden? Oh, mein Gott! Aber das würde bedeuten, daß Shapiro den Wagen selbst auf den falschen Parkplatz gefahren hat, und nicht der Mörder. Shelly weiß genau, wo die reservierten Parkplätze der langjährigen Angestellten sind. Ist keinem der Einparker etwas Komisches aufgefallen?«

Eine normale Zivilistin würde darauf bestehen, daß ihr

Autor nicht der Typ war, der irgend jemanden umbringen könnte.

»Nur Sheldon Maypo, der direkt hinter der Tür zur inneren Garage niedergeschossen wurde. Von seiner Uniform fehlt jede Spur.« Es war eine dieser Fast-geschafft-Situationen, ein Moment, in dem die Auflösung des Falls zum Greifen nahe war. Nicholas Roberts hatte keine Ahnung, nach was er suchte. Er hatte nur dieses instinktive Gefühl, daß diese wunderschöne, eiskalte Frau es wußte. Irgendwie war sie in diesen Mord verwickelt und wußte einiges mehr, als sie ihm sagen wollte. Wenn er sie zum Reden brachte, hatte er den Fall gelöst. Daß sie ihm gegenüber so gar nichts von Respekt oder Furcht an den Tag legte, war ein untrügliches Zeichen.

»Libby, kennst du eine Alex Shapiro?« fragte Charlie die wasserstoffblonde Superbombe, als das arme Kind sich von der wundervollen Karriere im Telemarketing-Busineß abends zur Tür hereinschleppte. Wie all die anderen Idioten hatte sie den ganzen Tag im Call-Center verbracht, einem Raum voll von vernetzten Telefonanlagen. Sie wurden alle nach der Anzahl der Leute bezahlt, die nicht auflegten, wenn sie von ihnen angerufen wurden. Die Profitmarge war heute nicht besonders hoch gewesen, und Charlie hatte das Abendessen extra im Long Beach Diner geholt, nur um Libby die Vorzüge ihres vorherigen Jobs unter die Nase zu reiben. »Sie wohnt in Malibu, aber die Computergötter haben deinen Namen in ihrem E-mail-Adreßbuch erscheinen lassen.«

Charlie hatte schon vor ein paar Stunden gegessen und war todmüde. Sie wärmte den Cheeseburger und die Pommes für ihre Tochter auf, schenkte ihr ein Glas Milch ein und setzte sich ihr gegenüber in die Frühstücksecke des kleinen Apartments. Das Knurren von Libbys Magen konnte man bis nach Mexiko hören. Sie hatte nach der Schule nicht einmal Zeit für eine kurze Pause gehabt, in der sie etwas hätte essen können. Die Mutter in Charlie wollte losziehen und dem Telemarketing-Business überall den Kampf ansagen. Die Charlie in der Mutter schluckte ihre Wut hinunter.

Ihre Tochter war so hungrig, daß sie sogar Tomate, Salat und Zwiebelringe verspeiste. »Shapiro, ich kennen viele Shapiros.«

»Man hat ihren Computer in dem Auto ihres Vaters gefunden, Libby. Er ist ermordet worden. Möchtest du noch mehr Milch? Soll ich dir noch ein Brot mit Erdnußbutter machen?«

»Du willst bloß, daß ich fett werde.« Das arme Kind hatte jetzt schon dunkle Ringe unter den Augen und schaute sie trotzig an. Charlie wußte, daß Libby klargeworden war, daß sie einen Fehler gemacht hatte. Doch sie würden zusammen durch die Hölle gehen, bevor sie es zugeben würde. »Du bist bloß eifersüchtig, weil du keinen Busen hast«, sagte die gertenschlanke Weide mit den Riesentitten.

In Charlies Jugend war der dürre Typ angesagt gewesen, und dieses Aussehen hatte sie sich erhalten. An ihrer Brust setzte sowieso nie Fett an, es lagerte sich nur um ihre Oberschenkel. Dann hatte jemand die Vorgaben über die Titten geändert. Jetzt sollte frau dürr sein, aber trotzdem vollbusig. Doch sie konnte wohl kaum ihrer Tochter vorjammern, daß das Leben ungerecht sei. Himmel.

»Du *slipst* hier *Frames* wegen meinem neuen Job,

stimmt's? Das mit Alex Shapiro hast du dir nur ausgedacht; daß ihr Vater ermordet sein soll?«

Zu einer Zeit, in der Filme zunehmend digital produziert wurden, moderne Filmprojektoren nicht mehr ohne die neueste Technologie auskamen und Fachbegriffe wie *skipping* oder *slipping frames* quasi schon ausgestorben waren, hatten die Kids damit angefangen. Wahrscheinlich, weil sie auf keinen Fall wollten, daß sie für die Erwachsenen verständlich waren. Charlie war sich nicht ganz sicher, wie die Kids die Worte gebrauchten, aber ihr lag viel daran, immer auf dem laufenden zu bleiben. Immerhin wurden auch ihre Autoren immer jünger. In Hollywood war es heutzutage schwer, überhaupt einen Termin mit einer Produktionsfirma, einem Produzenten oder einem Studiomanager zu kriegen, wenn der Drehbuchautor über dreißig war. Zufällig war Charlie gerade heute dreiunddreißig geworden.

Als Libby unter die Dusche ging, tippte Charlie auf ihrem Handy Bradones Nummer. Sie hatte ihre ausgeflippte Freundin schon am Nachmittag angerufen und ihr erzählt, was sie über Shapiro und das Gemälde herausgefunden hatte. Inzwischen wußte auch Bradone mehr.

»Charlie, er hatte zwei Töchter und eine Frau, von der er getrennt lebte. Die Familie wohnt in dem Haus in Malibu, er lebte bei seiner Geliebten in Beverly Hills.«

»Gut. Das klingt nach einem ganzen Haufen möglicher Verdächtigen, die alle keine Verbindung zu *Congdon & Morse* oder dem Gebäude der *First Federal United Central Wilshire Bank of Pacific* haben. Wie hast du denn das herausgefunden? Stand es in den Sternenkonstellationen, oder was?«

»Es kam in den Nachrichten, du Klugscheißerin.«

»Libby hat erzählt, daß Alex so eine Art Computergenie ist. Anscheinend hat sie bewußt Teenager mit Eltern im Showbusineß ausgesucht und sie in diese abgefeimte Telemarketing-Sache hineingezogen. Sie hat ihnen das schnelle Geld versprochen, damit die jungen Menschen nicht ihre schönsten Jahre auf dem College verbringen müssen, wo sie eh nur unnützes Zeug lernen, das die tollen Stars von morgen alles sowieso nicht zu wissen brauchen.«

Bradone schwieg eine ganze Zeitlang, was gut war, denn die blonde Superbombe hatte sich vor Charlie aufgebaut. Die Titten der Kleinen hielten wundersamerweise ein viel zu kleines Handtuch, das sie um sich geschlungen hatte, und in ihren hinreißenden Gesichtszügen lag ein angewiderter Ausdruck. In der Hand hielt sie ein Ernußbutterbrot, in der anderen ein Glas Milch.

»Das habe ich überhaupt nicht gesagt. So drehst du es dir nur hin. Telefonierst du mit den Cops?«

»Nein, mit meiner Freundin Bradone, die Astrologin, die ich in Vegas kennengelernt habe. Ich habe dir von ihr erzählt.«

»Gut, dann richte ihr aus, daß du total *out-of-frame* bist. Sie soll kein Wort glauben von dem, was du sagst.«

Sobald die fast nackte Blondine mit Brot und Milch die Treppe hoch in ihr Zimmer verschwunden war, gab Charlie die Nachricht weiter.

»Was soll denn das heißen? Dieses ganze Gerede von *Frames*?«

»Keine Ahnung. Das Zusammenleben mit einem Teenager ist wie ein Aufenthalt im Ausland – die wichtigen Nuancen der fremden Sprache kriegt man nie ganz mit.«

»Ich muß sie unbedingt kennenlernen, solange ich hier bin. Sie klingt einfach bezaubernd.«

»Leute, die keine eigenen Kinder haben, finden die von anderen Leuten immer bezaubernd.« Was wußte schon die unverheiratete, freie Bradone McKinley? Sie mußte sich nur um zwei Katzen, einen süßen Lover und einen Haufen Sterne, Planeten und Monde kümmern.

Am nächsten Morgen schlürfte Charlie genüßlich ihren Milchkaffee, den sie sich am Drive-through-Fenster bei *Espresso & Bagel-Hut* geholt hatte. Sie war auf der 405 Richtung Norden unterwegs. Abgaswolken hatten sich als feiner Dunst zwischen den Palmen festgesetzt, die über den orangen und roten Dächern der Vororte und Einkaufszentren am Straßenrand hingen. Sie lächelte selbstzufrieden, weil die große Gefahr, die ihre Freundin, die Astrologin, ihr für den gestrigen Tag vorhergesagt hatte, sich nicht »manifestiert« hatte.

Auf dem Weg zur Agentur gingen Charlie alle möglichen unzusammenhängenden Gedanken durch den Kopf, und sie schaffte kaum Arbeit weg. Statt dessen malte sie sich aus, wie sie bei ihrem nächsten Treffen Bradone unter die Nase reiben würde, daß sie die Sonne-Sonne-Konjunktion und sogar den Planeten Mars überlebt hatte. Und eine besonders absurde Frage schoß ihr durch den Kopf: Was machten eigentlich die Doppelgänger in der Celebrity Pit, wenn die Berühmtheiten, die sie imitierten, wirklich auftauchten? Der besonders große Tom-Hanks-Kellner würde den echten um Haupteslänge überragen. Im wirklichen Leben konnte man eine andere Person eben nie ganz perfekt imitieren. Ganz anders im Film, wo man die Schauspieler einfach der Körpergröße des Stars anpassen konnte. Man konnte den Star höher stellen oder die Akteure um sie oder ihn herum vergrößern oder verkleinern, und bei Gruppenfotos konnte man von der Gürtellinie aufwärts filmen. Wahrscheinlich wurde so etwas inzwischen auch schon mit dem Computer gemacht.

Und Charlie hoffte, daß Libby heute morgen den Wekker nicht überhörte, so erschöpft, wie sie gestern abend gewesen war.

Und sie dachte an das, was Detective Roberts ihr gestern ins Bewußtsein gerufen hatte: daß man Menschen immer so einschätzte, wie es den eigenen Erwartungen entsprach, danach, welchen Einfluß sie auf das eigene Leben hatten. Ganz anders wahrscheinlich, als sie sich selbst wahrnahmen. Wie ein Regisseur, der seine eigenen Vorstellungen von einer Geschichte hatte, und Drehbuch und Charaktere so veränderte, daß der Film seiner Vision entsprach.

Als sie gestern früh jemanden in Shellys Uniform gesehen hatte, war ihre Erwartung natürlich gewesen, daß er es war, daß nur er diese Kleidung tragen würde: Sie hatte Shelly Maypo gesehen, und nicht den Mann, der einen Mord auf dem Gewissen hatte.

Detective Roberts vom Morddezernat des *Beverly Hills Police Department* hatte offensichtlich auch an Charlie gedacht. Als sie ankam, erwartete er sie schon in ihrem Büro im fünften Stock des *FFUCWB of P*-Gebäudes.

»Ich würde gerne wissen, was Ihre Tochter Ihnen gestern abend wegen ihrer E-Mail-Verbindung zur Tochter des Opfers zu sagen hatte.«

Sie erklärte ihm den Schwindel mit dem tollen Telemarketing-Job, der angeblich schnell das große Geld bringen sollte. Es war etwas für Kids, die Stars werden wollten und deren Eltern Beziehungen zum Showbusineß hatten. »Natürlich wird meine Tochter nicht zugeben, daß Alex sich mit Absicht solche Kids ausgesucht hat, aber schlußendlich läuft es darauf hinaus.«

»Wird sie den Telemarketing-Schwindel aufgeben?«

»Und zugeben, daß sie einen Fehler gemacht hat? Sie ist siebzehn, Detective Roberts.«

»Warum wird sie es nicht zugeben, wenn das stimmt, was Sie mir gerade erklärt haben?« Er fing sich schnell, aber Charlie war nicht entgangen, daß er überrascht blinzelte, bevor seine Augen wieder hart glänzten wie bei Clint Eastwood. Das Blinzeln bedeutete so viel wie, *Mann, die haben das Liften heutzutage vielleicht perfekt drauf, nicht zu fassen.*

Charlie beantwortete seine ungestellte Frage. »Ich war sechzehn, als Libby auf die Welt kam. Und sie erklärt mir, ich seit *out-of-frame*, würde irgendwelche *Frames* verpassen, und wenn es ganz schlimm kommt, wirft sie mir vor, ich würde *Frame*-Szenarios *slippen*.«

»Mein Kid liegt mir auch dauernd mit diesen Frame-Sprüchen in den Ohren. Ich weiß, daß sie über Film reden, aber ich kapiere immer noch nicht genau, wie sie die Ausdrücke verwenden. Teufel, ich bin hier in L. A. geboren. Verstehen Sie, was das alles bedeutet?«

»Es bedeutet, daß wir unsere Kids zu nahe bei MGM und den Warner Brothers aufziehen. Die meisten Kids erfinden irgendwann ihre eigene Sprache, weil sie nicht wie ihre Eltern werden wollen, aber ...«

»Bei mir war das nicht so«, preßte Clint zwischen zusammengebissenen Zähnen hervor.

Dazu gab es nichts mehr zu sagen. »Nun, kann ich Ihnen sonst noch irgendwie weiterhelfen, Detective Roberts? Ich bin sehr beschäftigt und will heute auch noch Shelly im Krankenhaus besuchen.«

Roberts war sich noch sicherer als gestern: Er stand kurz vor der Aufklärung des Falls. Da schrillte doch tatsächlich dieses verräterische Handy in den Tiefen von Charlies Handtasche. Sie hatte es schon am Ohr, bevor er um den verdammten Tisch herum war. Ein denkbar ungünstiger Moment für eine Unterbrechung.

Er konnte Frauen schwerlich etwas abgewinnen, die sich nicht wie Frauen benahmen. Diese hier ignorierte seine Befehle und war in Sekundenschnelle aus der Tür.

»Larry, sie haben Libby.«

Scheiße. Jetzt hatten sie auch noch das Gör. Detective Roberts prallte gegen Larrys Brust, bevor er noch mitbekam, gegen wen er gerannt war. Er lag auf der Türschwelle, halb im Büro, halb im Vorzimmer, blickte an dem Homo-Sekretär vorbei und sah, wie Charlie Greene leichenblaß wurde.

*

Libby Abigail Greene hatte die ganze Nacht kein Auge zugetan, nachdem sie Alex Shapiro angerufen und erfahren hatte, daß ihr Vater wirklich ermordet worden war. »Meine Mutter hat ihn gefunden, Alex. Das ist doch voll komisch, oder?« Die Mädchen kannten sich bisher nur aus dem Cyberspace und telefonierten zum ersten Mal miteinander. »Er hatte eins der Kunstwerke dabei, stimmt doch?«

»Ja. Hätte er bloß seine Nase nicht in die Geschichte gesteckt, dann wäre er jetzt okay.« Alex Shapiro klang traurig, ernsthaft traurig.

»Glaubst du, die Verkäufer ...?«

»Ja, zumindest einer von ihnen. Wir müssen die Truppe zusammentrommeln, Libby.«

Libby kniete im Call-Center zwischen den Telefonanlagen. Um sie herum stand die gesamte Truppe aus der Schule, alle, die sie noch erreicht hatte. Alex war wahrscheinlich in einer ähnlichen Situation im anderen Call-Center im Westen von L. A.

Ihr Plan war schiefgelaufen. Mitten in der Nacht hatte sich alles super cool angehört. Libby hatte den ganzen Tag nichts gegessen und nur eine Diet Coke getrunken. Das einzig Gute war, daß sie in der Schule eine Klausur verpaßt hatte und sich keine Entschuldigung ausdenken mußte, warum sie den Aufsatz über Moby Dick nicht fertig hatte. Junge, um das Zeug zu lesen, mußte man ganz schön bescheuert sein. Ein Haufen von dummen, absolut überflüssigen alten Kerlen auf einem Schiff, die einen wunderschönen, wertvollen Wal oder Hai oder so was niedermachen wollten ... Sie hatte sich einen Aufsatz aus dem Internet geholt, aber noch keine Zeit gefunden, um ihn so zu überarbeiten, daß es zumindest aussah, als ob sie es sich selbst ausgedacht und geschrieben hätte.

Jetzt saß sie hier in der Falle, die sie selbst miteingefädelt hatte, und kam fast um vor Schuldgefühlen, weil sie auch die anderen Mädchen hineingezogen hatte. Klar, es war ja ihre Idee gewesen, die Cops anzurufen und eine Geiselnahme zu melden, nachdem sie es nicht geschafft hatten, das Ganze sonst irgendwie auffliegen zu lassen. Und die Klimaanlage im Call-Center war nicht an. Und Wonderbras waren gar nicht so super, wenn es heiß war.

»Ihr habt also beschlossen, hier präventive Maßnahmen zu ergreifen, wie?« Die Frage kam vom Hauptverantwortlichen für die geringe Geburtenrate hier am Ort, der sie süffisant anlächelte. Das war Gordo. Einer von ihnen hieß Frank. Insgesamt waren es drei. Libby nannte sie Gordo, Frick and Frack. Sie kannten sich vielleicht im Geschäft gut aus, aber sie hatten keine Ahnung von höflichen Umgangsformen. Und irgendwann würde das dem Geschäft schaden. »Wollt wohl den zukünftigen Königen der Wall Street eins auswischen?« Er wandte sich an Frack, der links von ihm stand. »Was sagst du dazu?«

»Die kennen doch kaum den Unterschied zwischen präventiv und Präservativ, und Wall Street ist für die doch bloß ein Trampelpfad hinter 'nem Deich.« Frack könnte ganz süß sein, wenn er sich ein bißchen mehr anstrengen würde. Aber diese Kerle waren dermaßen von sich eingenommen ...

»Ist doch egal. Sind doch alle sowieso total unwichtig.« Dabei macht Gordo, der Hauptdepp, eine vage Bewegung in Libbys Richtung.

Na schön, das war heute nicht ihr Tag, okay? Und sie war total von der Rolle.

Einer der Verkäufer war in ihren Rücken getreten und betaschte sie von hinten an den Titten, wie ihre Mutter sich ausdrücken würde. In diesem Moment sah Libby zufällig, wie ihre Freundin Lori grinste, nickte und zwinkerte – ein Zeichen, das sie schon seit ewigen Zeiten ausgemacht hatten. Der Rest war reiner Instinkt.

Libby und Lori waren Cheerleaders an der Wilson High School. Da gab es diesen verbotenen Wurf, Katapult genannt, bei dem zwei aus dem Team sich hintereinander stellten, die vordere die hintere hochhob und sie auf die Spitze einer Pyramide schleuderte, wo sie mit einem Purzelbaum auf einer Reihe von Cheerleaders landete, die sie dann weiterwarfen ... also, egal, das Manöver war ebenso beeindruckend wie verboten, seit ein Mädchen sich im Cheerleader Camp bei einer schlechten Landung das Genick gebrochen hatte. Und weil der Wurf verboten war und ihre Mütter unglaublich besorgt deswegen waren, übten sie ihn natürlich in jeder freien Minute.

Es war wunderschön – Frick, der Trottel hinter ihr, landete genau auf dem Kopf des Anführers der Verkäufer, Gordo. Alle Cheerleaders und Deena-Gotmor-Aspirantinnen klatschten Beifall für Libby, aber der Triumph war nur von kurzer Dauer. Die Verkäufer erholten sich nach wenigen Augenblicken, und ihre Heldentat brachte ihnen eigentlich gar nichts.

Sogar dämliche Blondinen lassen sich von der Aussicht auf den eigenen Tod beeindrucken, wenn sie sich am falschen Ende eines Pistolenlaufs wiederfinden. Libby war plötzlich auf den Knien und starrte in die Mündung einer Knarre.

Als sie in dem Job angefangen hatten, waren die Mädchen nach den Namen und Telefonnummern von älteren Leuten aus ihrem Bekanntenkreis gefragt worden. Libby kannte nicht viele – aber als später Betty Beesoms Name auf der Liste der anzurufenden Kunden auftauchte, wurde ihr mulmig zumute. Mrs. Beesom war eine klatschsüchtige alte Dame, die direkt neben ihnen wohnte. Sie notierte sich die Autotypen und die Beschreibung von jedem Jungen, der Libby abholte oder besuchte, wenn Charlie auf der Arbeit oder nicht in der Stadt war.

Aber sie war auch alt und einsam, hatte einen krummen Rücken und zitterte. Du liebe Güte, der einzige Kunstgegenstand in ihrem Hause war ein Christusbild auf schwarzem Samt. Libby machte es nicht so viel aus, wenn sie Leuten etwas aufschwatzte, die sie nicht kannte – nicht näher kannte. Shit, *ihr* wollte die ganze Welt doch dauernd etwas aufschwatzen.

Aber einmal hatte sie mit Grippe im Bett gelegen. Ihr war total übel gewesen, und Charlie war fort in New York. Da war Mrs. Beesom rübergekommen, hatte die Katze gefüttert, alles gespült und aufgeräumt. Sie hatte rote wässrige Augen und falsche Zähne, aber sie hatte Libby Götterspeise und Tee und Toast und Hühnerbrühe vorgesetzt. Und, hey – wenn man krank ist, dann ist aufgewärmte Pizza einfach nicht der Renner.

Vielleicht hatte Gordo, der Affe mit der Pistole, Alex' Dad erschossen und Shelly Maypo verletzt. Vielleicht auch nicht. Er war ein paar Zentimeter größer als Libby und offensichtlich nicht annähernd so geladen wie sie. Also wartete sie auf ihre nächste Chance – die letzten paar Bezugspunkte zum wirklichen Leben, die irgendwo in seinem Hirn herumspukten, würden irgendwann einfach seiner aufgeblasenen Arroganz zum Opfer fallen.

Gerade hielt er sich ein Handy ans Ohr und verhandelte über das Lösegeld für die »Puppen.« Diese Typen hatten noch diese altmodische Sprache drauf – total out. Sie sahen nicht mal voll übel aus und waren nicht ganz so daneben wie die Sportfreaks – trotzdem, in einem Büro, das vom Call-Center abgetrennt war, spielten sie immer diese gewalttätigen Computer-Spiele, während sie auf einen PC (*potential customer*) warteten, der so lange in der Leitung blieb, daß sie mit ihrem Verkaufssermon an der Reihe waren. Echtes Blut würde sie wahrscheinlich auch nicht allzusehr erschrecken.

»Wir kommen nie aus diesem Land raus, wenn wir die Girls hier umlegen.«

»Wir ersticken doch fast in Blondinen. Wenn eine oder zwei fehlen, fällt das sowieso erst auf, wenn es zu spät ist. Wir nehmen ein paar mit und lassen sie nach und nach auf der Flucht frei. Ich finde, sie haben uns wirklich einen Gefallen getan, wißt ihr? Wir fahren die ganze Kohle ein und müssen nicht mehr diesen Schrott an irgendwelche Deppen verscherbeln.« Gordo nahm plötzlich Libby ins Visier und merkte, daß sie keine Angst vor ihm hatte und ihn absolut nicht leiden konnte – er war wirklich nicht der Schnellste.

Sie hatte nichts zu verlieren, und weil sie schon auf den Knien lag, ließ sie sich nach vorn auf ihre Titten plumpsen und riß dabei Gordos Beine unter ihm weg. Er knallte auf Frick, der hinter ihm stand, und eine Kugel zerschmetterte eine Neonröhre.

Frack schnappte sich Libby von hinten, und die Mädchen um sie herum schrien auf, kreischten oder hielten den Atem an. Er zog sie vom Boden hoch und hielt sie fest, damit der nächste Schuß sie nicht verfehlte.

Zeugen und Täter zeigen jeweils die der Situation angemessene Reaktion. So steht es in den Büchern, so kommt es in den Abendnachrichten. So wird es in den TV-Serien verbraten, die nach dem Muster Gute Cops – Böse Gangster gestrickt sind. Und nach einer Weile lernt ein Cop, daß er sich in dieser Hinsicht auf seinen Instinkt verlassen kann. Moderne Ermittlungstechnologien, DNA-Tests und der ganze Rest, das dauert alles zu lange, bis Ergebnisse vorliegen. Die Labore sind sogar noch langsamer als die Gerichte. Und wenn Detective Nicholas Roberts jemanden nicht leiden konnte, dann lag er mit seinem Instinkt normalerweise richtig.

Sie befanden sich in einem Hubschrauber über L. A. und flogen in südlicher Richtung nach Long Beach. Sie hielten sich über dem Autoverkehr, blieben aber unterhalb des Luftverkehrs. Roberts saß mit dem Piloten vorn. Er war froh, daß dieser Kerl von Sekretär, der mindestens doppelt so groß war wie die Literaturagentin, hinten bei ihr saß.

Normalerweise war eine Frau in so einer Situation krank vor Sorge um ihr Kind. Sie hätte herumheulen und sich Vorwürfe machen sollen – richtige Frauen gaben sich immer für alles selbst die Schuld. Stattdessen ging von der Hollywood-Agentin eine geradezu greifbare Wut aus, die allen im Cockpit die Luft abschnürte. Diese Art von Wut brachte rational denkende Menschen dazu, sich für die Idee eines allgemeinen Schußwaffenverbots zu erwärmen. Sie war schlank und nicht besonders groß für eine Frau, aber ihre Wut war maßlos. Der Sekretär berührte sie nicht, sondern redete leise und beruhigend auf sie ein. Ihr Blick war tödlich. Gott, Roberts hoffte, daß sie nichts Schwereres zu fassen bekam als ein Handy.

Nur mit dem Hubschrauber hatten sie das kleine Betongebäude noch rechtzeitig erreichen können. Ein ähnlicher Befreiungsversuch fand in dem anderen Call-Center im Westen von L. A. statt. Die Ironie war, daß ...

»Die Ironie war«, Charlie Greene versprühte Bronzestrahlen, als sie sich mit den Fingern über den Kopf fuhr, »daß diese aufsteigenden Jungunternehmer ihre Opfer total unterschätzt haben. Es waren vor allem Mädchen von den High Schools, die mehr auf Jungs als auf Fußball oder Physik spezialisiert sind. Aber diese Mädchen kennen sich alle auch mit Computern aus.«

Bradone McKinley saß mit an dem Tisch in der Celebrity Pit und beobachtete Charlie und ihre Tochter. Libby schnitt gerade eine Grimasse und rollte mit den Augen – die sie im übrigen von ihrer Mutter geerbt hatte. Bradone registrierte, wie der hinreißende Larry, der vierte im Bunde, dem Kid zuzwinkerte. Charlie mochte es manchmal so vorkommen, als ob sie ausgenutzt würde, aber sie konnte sich glücklich schätzen. Sie hatte einen Beruf, der ihr Spaß machte, und Menschen, die sie liebten und brauchten.

»Die Ironie war«, wiederholte Charlie, »daß die Mädchen die Sache so ziemlich unter Kontrolle hatten, als wir dort auftauchten. Sie hatten ihre Unterdrücker einfach ausgetrickst.«

»Unterdrücker. Wenn sie so weiterquatscht, brauche ich bald etwas Alkoholisches.«

»Du trinkst schon Alkohol, und glaub nur nicht, daß ich das nicht mitgekriegt habe.«

»Kinder«, mischte sich Larry ein, »hört mit der Streiterei auf. Bradone und ich hätten gerne noch ein paar Erklärungen, bevor dieses Treffen in einen intrafamiliären Zweikampf ausartet.«

»Haben diese Jungunternehmer denn einen Weg gefunden, wie sie den *No Solicitation Service* der Telefongesellschaften umgehen konnten?« fragte Bradone.

»Und wie geht es unserem Shelly?« wollte Larry Mann wissen.

»Ach, toll.« Der blonde Teenager schlürfte die Diet Coke aus. »Es interessiert also niemanden, wie ich praktisch die Welt gerettet habe.«

Bradone hatte alle zum Dinner eingeladen, und für die Nacht hatte sie für die Familie Greene eine Luxussuite im Hilton reserviert. Wie immer hatte sie es sich nicht nehmen lassen und für alle das Essen bestellt. Es gab Chips und Salsa, eine duftende, überbackene Tortilla-Suppe, Mahi Mahi Tacos mit Limonensalsa, gegrillte Pilze, süße Zwiebeln und Tomaten, die nach Knoblauch und Cilantro schmeckten, dazu Pinto-Bohnen und Reis mit knackigem Kohl. Nun, sie waren immerhin in Hollywood, und Libby war ganz begeistert von dem Essen, obwohl die anderen ein oder zwei Margaritas vor dem und ein Glas chilenischen Wein zum Essen serviert bekamen.

Bei dem guten Essen und den Drinks wurde Charlie Greene allmählich wieder umgänglicher. Die Erleichterung, daß ihr Kind in Sicherheit war, tat ein übriges. Sie starrte auf ein saftiges Stück Pilz, das sie mit der Gabel aufgespießt hatte und dachte nach. »In ein oder zwei Monaten ist Shelly wahrscheinlich wieder auf dem Damm. Und durch seinen Job bei der Bank ist er krankenversichert – eine Sorge weniger in dieser Stadt, wo die meisten nur von einem Tag auf den nächsten leben und davon träumen, daß sie reich und berühmt werden.«

Libby stöhnte auf. »Immer eine Message.«

»Und ich hätte merken müssen, daß es nicht Shelly sein konnte, der mir gestern nicht zugewunken und mich nicht angelächelt hat. Weil der Mann zu klein für Shelly war, genauso wie Tom Hanks hier zu groß ist für den Schauspieler, den er imitiert. Aber ich habe gesehen, was ich erwartet habe. Heute morgen, als ich zur Arbeit gefahren bin, ist mir noch etwas anderes eingefallen, Bradone. Weder meine Sonne-Sonne-Konjunktion noch der Mars haben mich in die Gefahr gebracht, die dein Horoskop vorausgesagt hat.«

»Tja, ein Horoskop kann unberechenbar sein wie das Wetter. Aber anders als beim Wetter betragen die Abweichungen selten mehr als einen Tag. Und heute warst du in einer unvorstellbaren Gefahr – der Gefahr, daß dein Kind umkommen würde.«

»Ich bin kein Kind«, protestierte das gefährliche Kind. »Und ich und Alex ...«

»Alex und ich.«

»Mom.«

»Tut mir leid.«

»Alex und ich habe die Cops angerufen, und dort hat man uns erklärt, es handele sich nicht um einen Notfall. Dann haben wir bei der zuständigen Polizeiwache angerufen, und die haben uns gesagt, wir sollten erst mal mit unseren Eltern reden. Also haben wir die Mädchen aus dem Call-Center zusammengerufen.«

»Aber das Morddezernat hat doch Alex' Computer beschlagnahmt«, sagte Charlie.

»Aber Mom, natürlich hat Alex Kopien von der Adreßdatei und den anderen Dateien gemacht, die mit dem Job zu tun hatten, bevor ihr Dad ihr den Computer weggenommen hat. Die Back-up-Disketten hat sie dann einfach auf den Computer ihrer Mutter überspielt.« Libby hatte offensichtlich keine Geduld für solche Erklärungen. »Wir haben den anderen Kids gesagt, daß sie bei den Cops anrufen sollen. Ein paar haben es sogar ihren Eltern erzählt, wenn die daheim waren und nicht bei der Arbeit.« Ein Blick aus schmalen Augenschlitzen streifte Charlie. »Alex hat angenommen, daß die Verkäufer ihren Dad umgelegt hatten, weil er ihre Geschäfte durchleuchten und sie vor Gericht bringen wollte. Er wollte den Telefongesellschaften verraten, wie sie den *No Solicitation Service* umgehen.«

»Was habt ihr eigentlich den Leuten zum Verkauf angeboten?« fragte Bradone.

»Kunst. Echt gute Kunst – wertvolle Sachen. Sie konnten es billiger kriegen. Ich meine, wer so blöd ist und einem Unbekannten über das Telefon etwas abkauft, der hat es nicht besser verdient. Ich hab mir nichts weiter dabei gedacht, bis ich Mrs. Beesoms Nummer auf der Liste entdeckt habe. Und dann hat mir Mom erzählt, daß Alex' Dad umgebracht wurde. Wir wollten es ihnen heimzahlen.«

Als Himbeerflan und cremiger, dunkler Kaffee – ausnahmsweise auch für Libby – vor ihnen stand, fragte Bradone: »Aber warum seid ihr Mädchen denn in das Call-Center eingebrochen?«

»Niemand wollte unsere Geschichte glauben, und wir dachten, wenn wir vom Call-Center aus anrufen und sagen, man hätte uns geknidnappt, dann würde das die Aufmerksamkeit auf die Sache lenken. Das war meine Idee.«

Charlie schnaubte. »Das Problem war nur, daß ihr dann wirklich als Geiseln von den Verkäufern festgehalten wurdet.« Und zu Bradone gewandt fuhr sie fort: »Die hatten von der Sache Wind gekriegt und waren noch vor dem Einsatzkommando beim Call-Center. Und dann war sozusagen Gleichstand. Diese Verkäufer waren zwischen achtzehn und vierundzwanzig, ihre Telefonistinnen siebzehn und jünger. Die meisten Mädchen waren blond und schlank – genau der Typ, der sich mit schnell verdientem Geld die Ausbildung für eine Karriere beim Film finanzieren will. Stimmbildung, Tanzausbildung, Körpertraining – das ist alles ein großes Geschäft in Südkalifornien, das von den Träumen solcher Mädchen lebt.« Charlie zuckte mit den Achseln. »Sogar manche Agenten leben davon.«

»Libby, du kannst wirklich stolz auf deine Mutter sein. Detective Roberts vom *Beverly Hills Police Department* hat sich wegen ihr fast ins Hemd geschissen«, erzählte Larry. »Er hat mich ganz im Ernst gefragt, ob sie vielleicht eine Knarre dabeihätte und ob ich sie im Zweifelsfall überreden könnte, ihm das Ding zu übergeben. Er war schein-t's richtig irritiert, daß sie nicht losgeheult hat, als ihr Kind in Gefahr war, sondern total sauer wurde. Zu mir hat er gesagt, sie sei nicht ganz normal.«

»Da kann ich ihm nur zustimmen«, sagte Charlies Kid.

»Mir hat er gesagt«, fügte Charlie hinzu, »daß wir alle die Menschen so sehen, wie es unseren Erwartungen entspricht. Und genau das hat er bei mir gemacht. War ganz fixiert darauf, daß ich so sein mußte, wie er sich das vorstellte. Dabei kennt er mich überhaupt nicht.«

Später verschwand Libby auf der Toilette, und Charlie sagte: »Wahrscheinlich hätte Libby nie zugegeben, daß sie sich in diesen Jungs mit ihrem Telemarketing getäuscht hat, wenn Alex Shapiro sie nicht dazu gebracht hätte. Und Alex hätte die Truppe nicht zusammengetrommelt, wenn ihr Vater nicht ermordet worden wäre. Sie hat ihn wahrscheinlich mit ihrem Job fast wahnsinnig gemacht und dann vor ihren Verkäufer-Chefs damit angegeben. Als sie dann ihren Vater umgebracht haben, wollte sie es ihnen unbedingt heimzahlen.«

»Ich kann kaum glauben, wie selbstverständlich die Kids heutzutage mit Computern umgehen«, sagte Larry. »Wir haben erst in der High School mit Computern gearbeitet. Aber Kids wie Libby sind damit aufgewachsen.«

Charlie nickte. »Wenn ich Probleme mit der Software auf meinem Computer daheim habe, bringt Libby es in Minuten wieder in Ordnung. Also, warum es diesen Jungunternehmern nicht in den Sinn kam, daß die dämlichen Blondinen herauskriegen würden, wie sie den *No Solicitation Service* umgehen, kapiere ich einfach nicht. Die Mädchen hatten nicht nur Telefone – sie hatten Computer, von denen sie die Liste der Kunden aufrufen konnten, die wieder mit anderen, internen Dateien verbunden war. Und Leute anzurufen, die gleich wieder auflegen, ist auf Dauer ziemlich langweilig. Das ist nicht die Art Kids, die sich einfach so mit Langeweile abfinden. Natürlich würden sie ein bißchen herumspielen. Alex Shapiro kennt sich richtig gut mit Computern aus.«

»Ich weiß, Sie sind ein berühmter Schauspieler, ich kann mich nur nicht erinnern, welcher.« Eine zierliche Frau mit weißen Haaren und einem Stock plazierte mit zitternder Hand eine Serviette und einen Kuli vor Larry Mann. »Sie sehen so gut aus, Sie müssen ein berühmter Schauspieler sein.«

Larry war so liebenswürdig und setzte sein Autogramm auf die Serviette.

»Nur wegen dieser Bierwerbung wollen sie jetzt schon dein Autogramm?« fragte Libby und setzte sich wieder auf ihren Platz.

»He, ich hab auch schon mal Werbung für Ford-Laster gemacht.«

Als Tom Hanks Bradone die Rechnung überreichte, dachte sie, daß sie mit diesem Dinner wieder etwas Harmonie in das stürmische, aufregende Leben der guten Charlie gebracht hatte.

»Sie sind zu jung für Charlton Hester.« Die alte Dame kam mit einer zweiten Serviette zurück. »Und schreiben Sie jetzt bloß nicht Lawrence Welk.«

Larry dachte einen Moment nach, dann unterschrieb er wieder. Die Dame schaute auf das Autogramm, dann auf Charlies Sekretär. »Leonardo DiCaprio? Noch nie von ihm gehört.«

»Oh, Mann«, sagte Libby, als die Lichter ausgingen und unten auf der Bühne die Show begann, »das sind die *Atrociously Vile Screamers*. Ich fasse es nicht. Oh, Mann.«

»Libby, ich hab dir doch erklärt, daß das sozusagen verkleidete Doppelgänger sind. Wenn man so will, sind es genau solche Betrüger wie die Verkäufer, die euch Mädchen angestellt haben. Aber hier ist das von vornherein klar, wenn man das Restaurant betritt.«

»Du hältst es wohl nicht aus, daß ich mich mal ein paar Stunden in meinem Leben einfach nur amüsieren will, was?«

Die falschen *Atrociously Vile Screamers* spielten sich mit einem etwas wirren Stück warm, ein Zeichen für die älteren und mittelalten Gäste, daß es an der Zeit war, nach der Rechnung zu verlangen. Bradone flüsterte Larry Mann ins Ohr: »Kannst du eine Weile auf Libby aufpassen? Ich muß ihre Mutter auf das Zimmer ins Hilton bringen. Kommt nach, sobald du die tapfere Superbombe loseisen kannst. Ich habe euch beiden einen Tisch unten direkt vor der Bühne reservieren lassen. Sie kriegt ein Bier. Okay?«

»Ich stehe total auf die *Atrociously Vile Screamers*. Wieviel Bier kriege ich?«

*

»Die Beziehung zwischen rebellischen Teenagern und ihren Eltern ist mir ein absolutes Rätsel«, sagte Bradone, als sie, in weiche Hotelbademäntel gehüllt, in Charlies Suite heiße Schokolade tranken. Irgendwie war ständig ein Lachen in ihren Augen. Die Astrologin, die den Alterungsprozeß mit viel Geschick, viel Humor und wahrscheinlich großen Summen an Geld im Zaum hielt, schien das Leben in vollen Zügen zu genießen. Und man konnte sich wunderbar mit ihr unterhalten.

Charlie spürte, wie die letzten Reste dieser angsteinflößenden Wut sie nach und nach verließen. Aber die Vorstellung, daß der heutige Tag auch anders hätte enden können, ließ sie immer noch nicht ganz zur Ruhe kommen. »Mir auch.«

»Es ist schon in Ordnung, Charlie. Libby wird jetzt nicht überall die Heldin spielen, nur weil sie heute mit dem Leben davongekommen ist. Sie hat eine winzige Chance gesehen und sie genutzt. Sonst wäre sie jetzt vielleicht tot.«

Der Affe hinter Charlies Tochter hatte sich auf einen

zweiten Katapult-Wurf eingestellt. Und als Libby sich fallen ließ, um nicht getroffen zu werden, gab er ihren Arm frei, weil er befürchtete, sie würde ihn hinwerfen. Die Kugel erwischte ihn direkt im Kopf.

Mit einem Handy hatte eines der Mädchen das Einsatzkommando draußen leise darüber informiert, daß es sich um drei Kidnapper handelte, die als einzige aufrecht im Raum standen. Dann wurde Libby auf die Füße gestellt. Der Knall von Gordos Schuß veranlaßte die Scharfschützen, die Fenster einzuschlagen. Bei dem darauffolgenden Schußwechsel wurden die beiden überlebenden Verkäufer verletzt.

»Ich verstehe immer noch nicht, wie diese jungen Männer die Mädchen für so naiv halten konnten. Sie haben sie sich angeschaut und nur dämliche Blondinen gesehen?«

»Richtig. Genau wie du und ich uns jetzt anschauen. Ich sehe eine Freundin und Lehrerin. Und was siehst du, Bradone McKinley?«

»Ich sehe eine Waage, die sehr viel Glück hat, Charlie Greene.«

Aus dem Amerikanischen von Lisa Kuppler

Angelika Koch

Schutz in der Eifel

Hubert saß auf einer Bank vor der Frankfurter Alten Oper und sinnierte. Das war eindeutig Huberts Lieblingsbeschäftigung. In güldenen Lettern prangte der Spruch auf der Fassade, das ehrwürdige Haus sei dem Guten, Wahren und Schönen geweiht. Normalerweise entsprach dies dem Zustand von Huberts Seele und Geist. Hubert war Waage. Mit Aszendent Valium, wie seine Jutta bisweilen gehässig behauptete. Ihre spitze Zunge war ein naturgegebener Makel, den Hubert mit ritterlicher Contenance ertrug. Normalerweise.

An diesem schwülen Sommertag jedoch war nichts normal. Huberts Befindlichkeit entsprach nicht dem erhabenen Musentempel vor ihm, sondern eher dem Elend aus Spritzen, gebogenen Löffeln, benutzten Kondomen und hilflos zuschauenden Polizisten in der Taunusanlage hinter ihm. Der wahre Grund dafür war allerdings mitnichten ein plötzlich eintretender Sinn für die banalen Realitäten des Lebens. Der Grund war Jutta. Jutta und der Kerl in der Eifel. Tatsächlich machte sich ein unschönes und verwirrendes Gefühl namens Eifersucht in Hubert breit. Er selbst hätte nie zugegeben, so etwas Unfaires zu spüren wie den Wunsch, einem Rivalen schlicht die Schneidezähne zu verkürzen, aber bei Licht besehen war es nichts anderes als das.

Hubert saß, ein wenig zusammengekauert, auf seiner Parkbank und bot ein Bild sittsamer Alltäglichkeit. Das sorgfältig rasierte Gesicht war unauffällig und symmetrisch, kein unbeherrschter Zug und keine tiefe Falte zeugte von unangebrachten Leidenschaften in Huberts Innerem. Ein dezenter, grau schimmernder Anzug barg die im Fitneß-Studio auf Schlankheit trainierte Figur, der Stoff entsprach geradezu bilderbuchartig seinem Job an der Börse, ergänzt durch ein von der Reinigung effizient gebügeltes weißes Hemd und eine Krawatte, deren winziges Blumenmuster einen Hang ins Neckische signalisieren, aber keinesfalls flippig oder aufdringlich wirken sollte. Das aschblonde Haar auf seinem Haupt war exakt der Norm entsprechend geschnitten. Die rosige Kopfhaut, die sich in den hinteren Partien immer mehr bemerkbar machte, mußte jeden Betrachter mit Rührung erfüllen: der einzige, ganz leichte Webfehler in der Perfektion.

»Schatz , hast du was dagegen, wenn ich mit Lea noch ein Bier trinken gehe?« Mit Juttas Frage hatte alles angefangen, damals im Mai. In ihrem Wochenendhäuschen in der von Städtern okkupierten Siedlung am Hang hoch über Schutz, mit Blick auf die schroffen Felsen eines erloschenen Eifelvulkans. Schutz ... der Name des kleinen Dorfes war es, der Hubert davon überzeugt hatte, hier sei die ideale Heimstatt für geruhsame Tage, weitab von der Häßlichkeit deutscher Fußgängerzonen und von der Gemeinheit des geldgeilen Börsenlebens.

Lea war die Nachbarin im Blockhaus nebenan und verschossen in das, was sie für Landleben hielt. Mit ihren Birkenstocklatschen und Grobstrickstrümpfen strahlte sie die Attraktivität einer trächtigen Mutterkuh aus. Jeder testosterongetränkte Mann würde sich von ihr und allen Menschen in ihrer Begleitung fernhalten wie ein Vampir vom Knoblauchzopf.

Seine schließlich gemurmelte Einwilligung »Na klar, Liebes, warum nicht? Viel Spaß auch!« kostete ihn Mühe – und erst recht das zuckersüße Lächeln, das er sich abringen mußte, als er sie mit Küßchen verabschiedete. Denn nichts war na klar. Es war das erste Mal seit vier Jahren, daß Jutta etwas allein unternehmen wollte. Ohne ihn. Bis dahin hatten sie seit ihrer ersten, vom ungebremsten Drang nach Vereinigung beseelten Liebesnacht alles gemeinsam erlebt, die Geburtstage ihrer Freunde, die nun beiden gehörten, die Einkäufe fürs Eifelwochenende, die Fahrten zur Verwandtschaft.

Und nun plötzlich das!

Zugegeben, er hatte, wie immer in der Eifel, Probleme mit der Verdauung und lag mit etwas darnieder, das die Einheimischen in ihrem krassen Platt »de flöcke Pitter« nannten. Vielmehr lag er nicht darnieder, sondern war dazu verdonnert, wahlweise ärschlings oder knieend engen Kontakt zur Kloschüssel zu halten. Und ausgerechnet jetzt mußte sie ihn verlassen. Wo es ihm so schlechtging.

Als sie die Haustür hinter sich schloß, war ihm klar, daß dies der Anfang vom Ende war. In tiefer Betroffenheit umarmte er die sanitären Anlagen, als es schon längst nicht mehr nötig war und sein Körper, von allem Ballast befreit, eigentlich schon wieder nach einem gemütlichen Becher Kamillentee lechzte. Zu zweit eingekuschelt, wie jeden Abend. Doch da war ja niemand.

Jutta fand ihren Lebensgefährten vorwurfsvoll auf dem Lokus hockend, als sie drei Stunden später fröhlich trällernd nach Hause kam.

»Wo warst du so lange? Mir hätte sonstwas passieren können«, brachte er stöhnend hervor.

»Ist doch aber nichts passiert, oder?« versetzte Jutta mit ungewohnter Gefühlskälte und schlenderte summend an der offenen Klotür vorbei.

Während sich Hubert den längst gesäuberten Hintern mit Feuchtpflegetüchern abwischte und die Hose ordnungsgemäß an den Leib zog, fragte er sich, was ein paar Bierchen in der Seele seiner Liebsten angerichtet haben mochten. Niemals zuvor hatte er erlebt, daß ein Hinweis auf seine Bedürftigkeit folgenlos blieb, ja schlimmer noch, sogar mit einem gewissen Hohn in der Stimme quittiert wurde.

Im Wohnzimmer, das dem bäuerlichen Leben ringsum entsprechend rustikal eingerichtet war, räkelte sich Jutta auf den karierten Polstern des Sofas und empfing ihn mit strahlenden Augen. »Ach«, seufzte sie, »das hat einfach mal gutgetan, mit jemandem auszugehen. Einfach mal raus.«

Hubert setzte sich neben sie und hauchte ihr einen Kuß auf die Wange. »Ja, Liebes. Das tun wir viel zu selten. Ich gehe gern nächstes Mal mit ins Eifel-Türmchen. Da sind bestimmt jede Menge uriger Typen, echte Dorfschranzen, nicht wahr?«

Sie legte nicht wie sonst üblich die Hand auf seinen Oberschenkel. »Das ist lieb von dir, aber weißt du, ich merke zur Zeit, daß ich auch mal etwas allein machen möchte.«

Hubert fühlte eine klamme Angst in sich hochsteigen. Und gleichzeitig ein sehr lästiges Gefühl, eines, das er ablehnte. Nein, sie hatte ja recht, nein, es war nicht fair, wütend zu werden. Nur wegen eines so harmlosen Wunsches.

»Sicher, wenn du willst, dann geh mit Lea aus. Ich kann ja verstehen, daß du auch mal eine Frau brauchst zum Reden. Ich will dir da nicht im Weg stehen.« Er konnte sich nicht zurückhalten, ihren Arm zu streicheln und dabei wie zufällig ihre Brust zu berühren. Mit etwas mehr Härte, als er eigentlich wollte. Er fühlte eine unpassende Ungeduld in sich und versuchte, sie in Zärtlichkeit umzumünzen.

Abrupt stand Jutta auf. »Ich bin müde, ich geh schlafen.«

Hubert sah zu ihr hoch. »Aber es ist doch noch früh, nicht mal elf.«

»Du kannst ruhig noch fernsehen.« Dann war sie verschwunden.

Noch Monate danach, jetzt auf der Bank vor der Alten Oper, erinnerte er sich an die wilde Enttäuschung, die an jenem Abend von ihm Besitz ergriffen hatte. Bis dahin hatte alles so glasklar geschienen. Sie würden heiraten, sie würden zwei Kinder haben, sie würden sich ein großzügiges Haus in Richtung Taunus leisten, und Hubert würde am Wochenende kochen, damit Jutta entlastet wäre.

Die Katastrophe schlich leise heran, unerbittlich und so verborgen, daß Hubert sich vorkam wie ein ungehobelter Vollidiot, wenn er versuchte, das Gift zwischen ihnen mit Worten zu fassen.

Jutta nahm ab, plötzlich erstrahlte sie wieder in ihrer alten, braungebrannten Schönheit, ohne Dellen an den Schenkeln und ohne den fraulich vorgewölbten, kleinen

Bauch. Sie lachte viel, sie nörgelte nicht mehr, wenn er sie zum Dinner mit irgendeinem Banker mitnahm, sie blickte seinen Kollegen frech in die Augen. Und das alles war nicht für ihn.

Er hatte es geahnt. Nur deswegen war er allein ins Eifel-Türmchen gegangen, als Jutta an einem Freitag noch nicht nach Schutz kommen konnte, sondern erst einen Tag später. Früher wäre er nie auf die Idee gekommen, ohne sie hinzufahren, aber er brauchte Gewißheit.

Niemand kannte ihn in der Kneipe. Er mußte zugeben, daß sie ganz sympathisch war. Mit einem plüschigen Lümmelsofa in der Ecke, vielen Pflanzen und Aquarellen, die allesamt die Vulkanlandschaft der Eifel zeigten. Es gab frisches, obergäriges Landbier und hausgemachte Wurst, einen deftigen Kartoffeleintopf und leichte Weine von der Mosel. An der Theke lehnten die Jungs aus dem Dorf in ihren Arbeitsklamotten, und Hubert kam sich fehl am Platze vor mit seiner Rolex und in seiner eleganten Designerhose. Außerdem konnte er das Gespräch der Kerle da nicht verstehen, er hatte nur das leise Mißtrauen, die überbordende Heiterkeit auf Moselfränkisch könnte mit ihm zu tun haben.

Er ließ sich in das weiche Sofa fallen und bestellte einen trockenen Riesling, rief dann die Bedienung zurück, er hätte doch lieber ein Landbier, ein großes bitte, es ist ja so heiß.

Die junge Frau hinter der Theke grinste ihn nur an, zuckte mit den Schultern und zapfte sein Bier. »Hier können Sie haben, was immer Sie wollen, mir soll's recht sein«, meinte sie in ihrem weichen Singsang, als sei er der unwichtigste Mensch auf der Welt.

Er fühlte sich einsam in seiner Ecke und hätte gern mit jemandem geredet. Wie machte Jutta das nur? Fast jeden Abend am Wochenende hier unter den Einheimischen? Er kam sich unendlich fremd vor.

Vor Schreck hätte er beinahe das Bier verschüttet, als plötzlich jemand ihren Namen nannte.

Wann »et Jutta« denn wieder da wäre. Die Frage ging an ein Prachtexemplar von Mann. Dunkle Haare auf Brust und Armen, die ein hochgekrempeltes Jeanshemd zur Schau stellte. Leichte Geheimratsecken im schwarzen Wuschelhaar, ein Dreitagebart, ein knackiger Arsch in der legeren Cordhose, aus deren Gesäßtasche eine wuchtige schwarze Geldbörse ragte, die Haltung lässig und jungenhaft, als gehörte ihm die Welt mit grenzenloser Selbstverständlichkeit. Der Mann zeigte nicht die Spur Beklemmung oder Unsicherheit, er war hier zu Hause, er war anerkannt, er brauchte nichts zu beweisen.

Hubert umklammerte sein Glas. Mit beiden Händen, weil er zitterte.

Werner, wie der Schwarzhaarige genannt wurde, nahm einen großen Schluck Bier. »Schätze, morgen kommt sie. Ihr Macker ist aber schon da. Hat sie eben am Telefon gesagt.«

»Merkt der eigentlich nichts?« raunzte ein Kumpel.

Die Frau hinter der Theke spülte heftig Gläser. »Mein Gott, könnt ihr euch nicht über andere Sachen das Maul zerreißen? Mir tut der Typ leid, das sage ich euch.«

»Ach was«, beschied Werner mit sanftem Baß, »das braucht er nicht. Er ist selbst schuld, er muß ein absolutes Weichei sein.«

»Und die Jutta braucht einen richtigen Mann, was!«

grölte die Runde. Werner nickte lächelnd in sein Glas. »Genau. Und den hat sie ja jetzt. Alles paletti.«

Sie kam am Abend darauf, wie verabredet. Sie begrüßten sich mit Küßchen rechts und Küßchen links, das übliche Ritual.

»Hast du mich vermißt?« fragte Hubert und hielt ihre Hüften umklammert. Wie weich der Stoff ihres dünnen Sommerkleidchens war. Es fühlte sich an wie Seide, auch wenn es nur neumodisches Plastik war.

Jutta war ein wenig steif, aber sie bestätigte: »Und wie, Schatz!«

»Wirst du mich morgen auch noch lieben?« Er scherzte nicht.

Sie lachte. »Sicher, Schatz!«

»Wie wäre es, wenn wir uns jetzt in die Heia verziehen, mit einem edlen Burgunder, und ich massiere dir den Rücken ...«

Sie befreite sich. »Tut mir leid, Schatz. Lea ... ich habe ihr schon versprochen ... Schau nicht so böse. Morgen, ja, Schatz?«

Er ließ sie gehen. Er schaffte es sogar, ihr viel Spaß zu wünschen, und sie solle Lea von ihm grüßen. Er würde derweil schon das Bett warm halten. Kaum war sie zur Tür hinaus, stieg er hastig in seine »Eifelklamotten«: ausgelatschte Wanderschuhe, derbe, nicht mehr ganz frische Jeans und ein abgeschabtes Flanellhemd, in denen er sich – selten genug – in den Wäldern herumtrieb, um Holz für den Kamin zu sammeln. Davon erzählte er dann in den schillerndsten Farben seinen Kollegen an der Börse. Sie sollten glauben, daß er ein unverwüstlicher Naturbursche war.

Im Schutz der rötlichen Haselsträucher, Buchen und zeckenträchtigen Ginsterdickichte, die am Hang zum Dorf hinunter nur einen schmalen, verwilderten Pfad freiließen, schlich sich Hubert in die Nähe des Eifel-Türmchens. Wie gut, daß die Dörfer so winzig waren. Von der Ortsmitte, mit einem aus dicken Mauern errichteten, wehrhaften Kapellchen versehen, war man mit wenigen Schritten wieder im Wald.

Hubert duckte sich ins Grün. Zwischen ihm und der Kneipe lag eine kleine Pferdeweide, auf der rundliche Shetlands die letzten Sonnenstrahlen genossen und in aller Seelenruhe Gras rupften. Er sah den Hintereingang der Wirtschaft, und der rote Kotflügel von Juttas Wagen ragte hinter dem Gebäude hervor.

Hubert fixierte den roten Fleck so angestrengt, daß er zunächst gar nicht bemerkte, wie sich die schlichte Holztür öffnete. Werner trat heraus, wandte sich zurück ins Haus und zog schließlich Jutta an der Hand ins Freie. Beide lachten, plötzlich rannte Jutta voran und stürmte auf eines der dumpf dräuenden Pferde zu. Werner hinterher. Das Pferd tat einen widerwilligen Satz zur Seite, und wie ein breitbeiniger Cowboy stakste Werner ihm nach, als wollte er das Tier einfangen.

Affig, dachte Hubert, was findet Jutta bloß an dem? Wie zehnjährige Gören, nichts von Schick und nichts von Geist.

Die Frischverliebten ließen von dem armen Gaul ab, überquerten die Wiese bis zu einem Stacheldrahtzaun, den Werner für seine Angebetete galant auseinanderbog, so daß sie hindurchsteigen konnte. Sie leistete ihm denselben Dienst, und jetzt bemerkte Hubert auf dem Feldweg, auf dem beide standen, einen dunklen Kombi. Er war tief zwischen die Bäume gefahren worden und fast perfekt vom Laub verdeckt.

Hubert hörte Juttas Lachen, er hätte am liebsten gebrüllt vor Wut, doch noch schlimmer war Werners melodischer Baß, der irgend etwas rief, und dann das Schlagen von zwei Autotüren.

Hubert wartete darauf, daß der Motor gestartet würde. Doch er blieb stumm und still. Statt dessen – Hubert sah es mit brutaler Genauigkeit – fing der Wagen ein sanftes, rhythmisches Schaukeln an. Irgend etwas in seinem Hirn registrierte mit eiskalter Schärfe, das Werner sich dringend um die Stoßdämpfer kümmern sollte.

Werner, der Stier. Hubert, die Waage, empfindlich, allzu zart besaitet.

Plötzlich hielt er es nicht mehr aus. Er hatte Angst, Juttas jubelnde Stimme zu hören, er hatte Angst, ihr beim Aussteigen aus dem Auto zuzusehen und zu wissen, sie war glücklich jetzt. Hastig drehte er sich um und kletterte keuchend den Pfad bergauf, ohne Rücksicht auf den stechenden Schmerz in seinen Bronchien, die solch eine Anstrengung nicht gewohnt waren.

Er lag schon im Bett, sturzbetrunken nach mehr als einer Flasche Burgunder und doch wach, als Jutta die Haustür aufschloß. Leise rief sie seinen Namen, aber er stellte sich schlafend. Schnell zog sie sich aus, ging ins Bad und blieb dort recht lange, wohl um verräterische Gerüche zu tilgen. Dann lag sie neben ihm, mit der sanften Beleuchtung einer Nachttischlampe, und las. Unwillig drehte sich Hubert zur Seite, und Jutta löschte das Licht, ohne auch nur eine Silbe zu sagen.

Allmählich reifte auf der Frankfurter Parkbank der Plan heran. Es sollte eine Zeremonie sein. Werner sollte leiden, er sollte um Gnade winseln. Hubert hatte Klebeband samt Abroller besorgt, er hatte sich vergewissert, daß an diesem Tag die Wochenendsiedlung wie leergefegt sein würde, und die Gebrauchsanleitung des universell einsetzbaren elektrischen Bohrers kannte er auswendig. Schleifen konnte man mit dem Ding genausogut wie fräsen, hämmern, meißeln und schrauben. Und eben bohren. Heimwerken war sicher ein schönes Hobby. Schade, daß er das gute Stück sofort würde entsorgen müssen, am besten in einem der irrsinnig tiefen Maare, deren morastiger Grund den Beweis sofort schlucken würde.

Er hatte darauf geachtet, daß sein Tatwerkzeug aus einem riesigen anonymen Baumarkt stammte, der solche Teile täglich massenweise verkaufte. Niemand würde sich an ihn erinnern. Heute war er geradezu stolz auf seine durchschnittliche Unauffälligkeit. Werner würde Augen machen! Und das Schönste war, er würde nicht einmal schreien können, sondern sich alles anhören müssen, kommentarlos und wehrlos.

Irgendwann kommt die Zeit, da kann es keine Fairneß mehr geben, dachte Hubert. Werner hatte seine Chance gehabt, er hätte selbst darauf kommen können, daß niemand ungestraft eine fest liierte Frau vögelt. Hubert dachte dieses Wort tatsächlich, und er fühlte sich stark. Kein Platz mehr für weiches Getue.

Die Eifel empfing ihn mit toskanischer Hitze. Flirrende Sonnenstrahlen ließen den Straßenbelag wie einen Spiegel erscheinen, Milane zogen majestätische Kreise im Himmel, und die Fahne oben auf dem Buerberg, einem senkrecht aufragenden Kraterrand, flatterte im Sommerwind. Unten im Dorf war das Tor der Kunstschmiede weit geöffnet, und der Schmied tippte sich zum Gruß an die Stirn, als er Hubert sah. Rostige Eisenstangen aus seiner Werkstatt ragten wie immer gefährlich weit auf die Fahrbahn, Hubert fuhr langsam. Die Wirtin des Eifel-Türmchens war am Hintereingang damit beschäftigt, Dutzende identischer Tischdecken auf eine Wäschespinne zu drapieren. Sie winkte Hubert zu, wie es Eifler Sitte auch für Fremde war. Die Shetlands, wie er Zeugen des widerwärtigen Gefummels von Jutta und Werner, standen friedlich dösend auf der Weide und dachten garantiert nichts Böses.

Hubert fluchte. Der Schmied, die Wirtin. Mit ihnen hatte er nicht gerechnet. Er war sich so sicher gewesen, daß die Männer in Büros, die Kinder in Schulen und die Frauen in Küchen waren, wie es sich gehörte. Warum konnte das Dorfleben nicht so sein, wie er es sich vorstellte? Nicht einmal hier war die Welt in Ordnung.

Egal, seine ganze Seele hatte sich auf diesen Tag eingestellt. Er dachte nicht daran, nun etwas zu ändern. Ein Mann, ein Wort.

Er fuhr den Wagen in die hinterste Ecke seines zugewucherten Grundstücks. Jetzt war es ihm recht, daß Jutta von wilden Rosen und märchenhaft dichtem Gebüsch schwärmte und nicht einsehen wollte, daß Nichtstun einem alten Apfelbaum schadete, daß er, wie alles andere auch, gepflegt und beschnitten werden wollte.

Er sperrte sein Feriendomizil auf und dachte mit Wehmut, daß es nun seine Unschuld verlieren würde. Aber dafür konnte er nichts. Jutta trug die Verantwortung. Sie hätte ihre Idylle behalten können. Sie hätte den Zauber dieses Hexenhäuschens bewahren können. Er würde es so vorsichtig wie möglich machen. Für das Blut hatte er extra eine Plastikplane mitgebracht, die er über alles ausbreiten würde.

Dann griff er zum Telefon. Die Nummer kannte er, obwohl er sie noch nie gewählt hatte. Es gibt Dinge, die prägen sich sofort ein.

»Schmitz«, meldete sich Werner knapp und dunkel.

Huberts schweißnasse Hände umklammerten den Hörer. Eigentlich bin ich doch ein sehr sensibler Mensch, fuhr es ihm durch den Kopf, man sollte mich nicht zwingen, das hier zu tun.

»Ich denke, wir müßten miteinander reden. Hubert Jansen hier. Sie wissen, wer ich bin, nicht wahr?« Seine Stimme klang höher und kieksender als normal.

Eine kleine Pause am anderen Ende, dann die gelassene Antwort. »Von mir aus, wenn Sie meinen. Wann paßt es Ihnen denn?«

»Am besten sofort«, sagte Hubert und sah sich um. Das Werkzeug lag bereit, das Klebeband auch, der Stuhl stand auf der Plane in der Mitte des Raumes. »Wissen Sie, ich bin hier am Werkeln, ein paar Kleinigkeiten reparieren, Sie kennen das ja sicher, und da könnte ich eine kleine Unterbrechung gut ...«

Werner ließ ihn nicht ausreden. »Ich bin in zehn Minuten bei Ihnen, okay?« klang es an Huberts Ohr, und er nickte. Dann brachte er ein gekrächztes Einverständnis hervor, weil der andere ihn ja nicht sehen konnte, und legte mit Herzklopfen auf.

Er brauchte einen Schnaps. Mit zittrigen Fingern griff

er zum Williams Christ Premium, zog den Korken aus der Flasche und goß sich ein Wasserglas voll. Das erste Mal in seinem Leben, daß er noch vor dem Mittagessen Alkohol trank.

Werner ließ sich Zeit. Als er schließlich klingelte, hatte Hubert die halbe Flasche geleert und saß wie betäubt auf dem Stuhl, den er für sein Opfer reserviert hatte. Schwankenden Schrittes raffte er sich auf und stapfte Werner entgegen.

Der schlug ihm freundschaftlich auf die Schulter und sah sich um. »Was hast du vor? Was dagegen, wenn wir uns duzen?«

Hubert schüttelte stumm den Kopf.

»Was willst du denn reparieren?« Werner deutete auf die Schnapsflasche. »Spendierst du mir auch einen Schluck?«

Hubert nickte und deutete auf die Vitrine, in der die Gläser standen.

Werner öffnete die Tür, nahm sich ein schmales, teures Kristallglas und goß sich ein. Nicht zu knapp. Genießerisch ließ er den Branntwein die Kehle hinunterrinnen. »Nicht schlecht«, meinte er schmatzend. »Willst wohl die Decke abschleifen? Hat's auch nötig, ist zu dunkel, so viel Holz. War früher mal modern, sollte ländlich wirken.«

Hubert fand immer noch kein Wort und nickte wieder.

»Dir ist wohl eigentlich nicht nach reden?« Werner sah ihn grinsend an. »Na ja, es eilt bestimmt nicht. Und überhaupt, was soll man da reden? Sie weiß halt, was sie will, was soll man da machen?« Er klang satt und zufrieden, denn schließlich war er es, den sie wollte.

»Ich dachte, Sie sollten wissen ... du solltest wissen, äh,

also ich möchte dich bitten ...« Hubert stotterte herum und fand nicht den winzigsten Zipfel der Wut, die ihn beflügelt hatte. Erbärmlichkeit pur.

»Du bittest mich, sie in Ruhe zu lassen?« Werner lachte laut. »Wo lebst du denn, Mann? Meinst du, das ändert was? Sie braucht das. Sex. Einfachen guten Sex. Vielleicht bist du zu vorsichtig, zu lieb, was weiß ich. Frauen stehen da in Wirklichkeit gar nicht so drauf. Auch wenn sie das immer behaupten.«

»Jutta und ich ... also, wir wollen heiraten. Wir kennen uns seit Jahren, wir gehören zusammen. Und im Bett klappt es gut, wirklich.« Huberts Stimme quengelte.

Werner stand mit überkreuzten Beinen an die Vitrine gelehnt und sah ihn an wie ein Insekt. »Sicher, klar, deswegen fährt sie auch bei mir ab wie eine Rakete. Weil sie bei dir alles bekommt. Seh ich ein.« Er trank auf ex und goß sich nach. Ohne eine Spur von Langsamkeit oder Verwirrung in seinem Blick, in seiner Sprache.

Selbst trinken kann er besser als ich, dachte Hubert bitter. Am besten, ich geh hoch auf den Buerberg und spring runter. Dann endlich wird Jutta wissen, was sie an mir hatte.

»Mann, sei doch mal Realist. Ich will ja gar nicht, daß die mit mir lebt oder so. Da würde ich stiften gehen. Hätte schon längst heiraten können, wenn ich gewollt hätte. So mach ich nur eins: Ich stabilisiere eure Beziehung. Sie hat dich und kann dich behalten, und ganz nebenbei kriegt sie das, was du ihr nicht geben kannst und wofür sie dich so oder so verlassen würde, wenn's das gar nicht gibt.«

Wattiger Nebel machte sich in Huberts Hirn breit. Vermutlich hatte Werner recht. Vermutlich war Jutta eine tolle Frau, die mehr vertragen konnte als seine sorgfältig arrangierte Zärtlichkeit im Bett, die er durch ritualisierte Fußmassagen und Nackenmassagen und Handrückenmassagen in die Länge zu ziehen trachtete, um nicht sofort seinen Höhepunkt zu haben, bevor er auch nur ihre feuchte, warme Haut zwischen seinen Beinen spürte. Am liebsten hätte Hubert geheult, doch er streckte nur die Hand mit dem leeren Schnapsglas aus.

Mit väterlicher Fürsorge goß Werner nach. »Nun solltest du's aber gut sein lassen für heute. Und das mit dem Schleifen kannst du vergessen. Ruf mich an, ich besorg dir ein paar Polen, die machen das ruckzuck für zehn Mark die Stunde. Geld hast du ja, oder?«

Hubert schluckte und ließ den Kopf hängen. Geld hatte er. Das war auch alles. Offenbar hatte Jutta ihren heißblütigen Eifler Lover umfassend informiert. Ganz Schutz wußte Bescheid. Ein großes Portemonnaie und ein kleines Schwänzchen. Er fing an hemmungslos zu kichern. Frankfurter Würstchen. Er war ein Frankfurter Würstchen.

Es wurde Oktober. Die Bäume der Eifel leuchteten grellorange, dunkelrot, rostbraun, sonnengelb unter einem klaren, warmblauen Himmel. Über Frankfurt sah das Ganze eher matt aus, wie durch eine verschmutzte Scheibe gesehen, und überdies wurde es langsam zu kühl, um auf Parkbänken sitzend Mordpläne zu schmieden.

Längst hatte sich Hubert abgefunden. Dachte er, wollte er. Jutta wußte noch immer nicht, daß er es wußte. Und allmählich war er sicher, daß er am längeren Hebel saß. Wenn sie Werner wirklich liebte, hätte sie die Trennung gewollt. So aber war es lediglich die auf unbestimmte Zeit hinausgeschobene Hochzeit, die leise andeutete, daß etwas zwischen ihnen nicht mehr so war wie in den Jahren zuvor.

Bei Gelegenheit ging Hubert mit Werner, der nun fast so etwas wie ein Kumpel geworden war, ein Bier trinken. Eines Abends gestand er ihm beim siebten Bit, es habe da einen Sommertag gegeben, da hätte er ihn am liebsten kaltgemacht.

Werner riß lachend den Mund auf. »Nee, du machst Witze! Du doch nicht, Mann! Überhaupt, wie hättest du das angestellt?«

Hubert lächelte schief über sein Bier hinweg. »Ich hätte dich gefesselt und mit einem Bohrer durchlöchert. Ganz langsam.«

Werner schüttelte sich, aber er war nach wie vor heiter. »Mann, dabei bist du doch ein echt guter Kerl! Ich hätte dir wohl auch noch Einzelheiten über Jutta und mich erzählen sollen, was?«

»Nein, ich hätte dich geknebelt. Damit du nicht schreist. Und ich hätte dir erzählt, wie schön es zwischen Jutta und mir ist.«

»Damit hättest du mich aber kaum gequält«, konstatierte Werner sachlich, und Hubert wußte, er hatte recht.

Anfang November, der Nebel hing seit Tagen aus purer Boshaftigkeit über dem Tal und dem Dorf fest, kam Jutta von ihrem angeblichen Frauenabend mit Lea früher zurück als gewöhnlich. Ihr Gesicht war leicht angeschwollen, und auch der Gang ins Bad entfiel.

Schweigend setzte sie sich auf das Sofa neben Hubert, und gemeinsam guckten sie Videos. Nach einem besorgten Seitenblick verzichtete Hubert auf die Frage, die ihm auf der Zunge lag. Die beiden haben Ärger, dachte er, da mische ich mich lieber nicht ein. Ein Funken Hoffnung stieg in ihm hoch, diese Verstimmung möge von Dauer sein. Dann zweifelte er: Eine übellaunige Jutta, eine unbefriedigte Jutta bedeutete keineswegs, daß es zwangsläufig zwischen ihm und ihr wieder so sein könnte wie früher. Vielleicht bedeutete es im Gegenteil, daß sie die geregelte Gleichmäßigkeit ihrer Beziehung nicht mehr aushielt.

Am Wochenende darauf war Jutta krank. Kopfschmerzen, Fieber, Schnupfen ... sie schauspielerte nicht. Hubert fuhr allein nach Schutz. Sie hatte ihn gedrängt, sie wolle seine Fürsorge nicht und sie wollte ihm, wie sie behauptete, nicht die wenige Freizeit vermiesen. So hatte er für sie Orangen und Vitamintabletten, Honig und Taschentücher gleich bergeweise gekauft und war dann voll Ungeduld auf der Autobahn in die Eifel gerast. Er mußte mit Werner reden, dringend.

Werner machte sich mit der guten Nachricht keine großen Umstände. Er saß Hubert gegenüber und hob mit bedauerndem Lächeln die Hände. »Sie wird es begreifen, weil sie muß. Daß es nichts für die Ewigkeit war, wußte sie von Anfang an. Ich will mich nicht binden. Außerdem gibt's da wen ... Vera ist eine ganz heiße Braut, die ist so drauf wie ich. Da könnte man glatt auf die Idee kommen, doch mal was Festes zu wagen. Unter uns, die Jutta ist doch recht bieder, oder?«

Hubert wußte nicht, ob er erleichtert sein sollte und zustimmen, denn auf der einen Seite bedeutete es, er und sie gehörten zusammen. Auf der anderen Seite war es eine deutliche Beleidigung, und dem selbstgefälligen Kerl gehörte die Fresse poliert.

»Weißt du«, begann er langsam, »wir kennen uns schon so lange, da habe ich Seiten an ihr entdeckt, die sind einfach aufregend. Ich meine, wenn es nur um die Leibesübungen geht« – er lächelte säuerlich – »wie bei euch beiden, dann ahnt man davon natürlich nichts. Aber wir haben eine andere Ebene, beinahe spirituell.«

»Verstehe«, brummte Werner, »geistig und so. Mann, fürs Geistige, da brauche ich Männer. Da geben mir Frauen nichts. Von denen will ich ... Geilheit. Nichts weiter. Mann, kipp mir nicht aus den Latschen. Tut mir leid, ich rede halt, wie mir der Schnabel gewachsen ist.«

Hubert registrierte es angewidert und fasziniert zugleich. »Das mit dieser anderen. Sagst du es ihr?«

»Nicht nötig. Ich habe gesagt, mir wird das zu eng, da weiß sie genug.«

Hubert brachte eine Flasche zwölf Jahre alten, im Eichenfaß gelagerten Moseltrester mit heim. Er wußte, Jutta mochte so etwas. Und einen Blumenstrauß, edle rote Rosen. Sie empfing ihn verheult, voller Gefühl, und zum ersten Mal seit Monaten war mit ihrer Umarmung wirklich er gemeint.

»Ich war ziemlich weit weg die letzte Zeit«, murmelte sie in sein Ohr, als sie aneinandergekuschelt auf dem Sofa saßen.

»Ich weiß. Ich weiß auch, wo du warst.« Er sagte es ganz sanft.

Trotzdem rückte sie erschreckt von ihm ab. »Daß ich nicht mit Lea ... Du hast es gewußt?«

Er nickte und zog sie an sich. »Habe ich. Ich habe sogar mit Werner geredet. Oft. Ich habe immer daran geglaubt, daß das mit uns beiden stärker ist. Ich habe versucht, dich zu verstehen. Manchmal ist es mir sogar gelungen.«

»Es tut mir so leid«, schniefte sie, und dann verfiel sie in endloses, verkrampftes Schluchzen.

Er strich ihr über den Rücken, als wäre sie ein krankes Baby, und vielleicht war sie genau das.

»Du mußt ihn vergessen. Er hat dich nicht verdient.«

»Er hat wohl Angst vor seinen Gefühlen bekommen«, versuchte sie eine matte Erklärung, als sie wieder ruhiger atmen konnte.

»Der hat keine Gefühle. Mach dir nichts vor. Er hat eine andere.«

Jutta richtete sich auf. »Wie bitte?«

»Sie heißt Vera und ist angeblich sexuell ... er sagt, sie ist einfach geiler als du. Entschuldige.«

Starr blickte Jutta geradeaus und zerrupfte das Papiertaschentuch, das Hubert ihr gegen die Tränen gegeben hatte. »Dieses Schwein.« Ganz sachlich, ganz still.

»Ich hatte sogar vor, ihn umzubringen«, gestand er. Wie gut es tat zu erleben, wie sie Werner hassen konnte. Hubert würde alles für sie tun, wirklich alles.

»Warum hast du es nicht getan? Beinahe hätte er unser Leben zerstört.« Sie sah mit tränenblinden Augen durch ihn hindurch.

Hubert und Jutta sprachen nie offen darüber. Aber der Entschluß war gefaßt: Werner mußte sterben. Ein Mann wie er war zu allem fähig, zu jeder Vernichtung fremden Glücks, und er würde es wieder tun, immer wieder. Es würde eine gute Tat sein, eigentlich nur eine Frage höherer Gerechtigkeit, ihn für immer daran zu hindern. Zu diesem

Zweck war es notwendig, mit ihm befreundet zu sein. Winterwanderungen durch dicken Eifelschnee boten sich an. Weihnachten zu dritt. Schließlich war man ein weltoffenes Paar, das zeitweilige Seitensprünge als Salz in der Suppe begriff und nicht übelnahm.

Das Wochenendhäuschen war festlich geschmückt, grell-bunte Lichtlein im Fenster hießen den Heiland willkommen, und als Werner schließlich, schon leicht angetrunken, in der Tür stand, war die Harmonie nicht mehr zu überbieten. Geschwisterliche Umarmungen zwischen ihm und ihm, zwischen ihr und ihm, als habe es niemals das seelentötende Wippen eines Kombis auf einem Waldweg im Sommer gegeben.

Werner zog lässig grinsend ein längliches, mit goldverziertem Geschenkpapier umwickeltes Päckchen aus der Jackentasche. »Ist doch Bescherung heute, oder?«

Hubert tätschelte seine Schulter. »Klar. Aber wir haben uns etwas Besonderes ausgedacht. Wir finden es langweilig, hier zu sitzen, die Geschenke auszutauschen, und das war's dann. Wir haben uns gedacht, wir machen es uns nicht ganz so einfach, und die Bescherung ist woanders. Bewegung ist gut für die Muskulatur.« Er hieb fast sanft gegen Werners Bauch.

Werner verdrehte die Augen gen Zimmerdecke. »Ich sag's ja: Städter! Ihr seid schon komisch, erst schleicht ihr mit Geländewagen über super asphaltierte Straßen, nur weil's die Eifel ist, und dann wollt ihr gleich alle Rekorde im Triathlon brechen, sobald ihr auch nur das erste Wort in Eifler Platt verstanden habt. Wohin geht die Reise?«

»Auf den Buerberg.«

Zunächst war der Himmel von einem atemberaubenden

Blau über dem blendenden Weiß des Schnees. Hubert dachte besorgt an die Massen von Spaziergängern, die in dieser Märchenlandschaft unterwegs sein mußten. Andererseits würde gerade deshalb niemand Verdacht schöpfen, wenn auch ein notorischer Autonarr wie Werner, der sogar die dreihundert Meter von seinem Zuhause bis zum Eifel-Türmchen stets nur unter Zuhilfenahme von hundert PS bewältigte, plötzlich in der freien Natur anzutreffen war.

Kaum hatten sie die Dorfstraßen hinter sich und den steilen, endlosen Anstieg zum Gipfel vor sich, legten sich zarte Schleier über die Sonne, die sich schließlich zu handfesten Wolken verdichteten und dicke Flocken zu Boden schickten.

»Oben bauen wir einen Schneemann«, verkündete Werner leicht keuchend, als sie den Parkplatz auf halber Höhe erreicht hatten.

Hubert stellte befriedigt fest, daß seine eigene Kondition doch etwas besser war als die seines Gegners. Schließlich hatte er weniger Pfunde den Hang hinaufzuwuchten. Es störte ihn lediglich, daß Juttas Blick wehmütig auf dem eindeutig knackigeren Hinterteil des Eiflers hing, der vor ihr marschierte. Bald ist das Vergangenheit, tröstete er sich.

Der tief verschneite Weg wand sich spiralförmig bergauf, niemand war hier vor ihnen gegangen, mit jedem Schritt sanken sie bis zu den Waden ein. Kein Wort mehr, nur noch dreifach schwerer Atem. Unter der Last des Schnees bogen sich die Ginsterbüsche weit in den Pfad, und Werner, der mit diesem Trip nicht gerechnet und nur eine Jeansjacke angezogen hatte, war bald durchnäßt.

Er würde nicht dazu kommen, sich zu erkälten.

Endlich gelangten sie zu dem hölzernen Unterstand, von dem aus man bei gutem Wetter bis in den Hunsrück und in der anderen Richtung bis zur Hohen Acht schauen konnte. Jetzt war alles dicht und weiß verhangen. Auch vom Dorf aus würde man sie nicht sehen können, sondern nur in ein grenzenloses Meer aus Schneeflocken blicken.

Ermattet ließ sich Werner auf die grob gehauene Holzbank fallen, ohne Rücksicht auf die dünne Schneedecke, die sich bereits darauf gebildet hatte.

»Find ich ja toll, so viel frische Luft zu Weihnachten«, japste er. »Das ist schon ein prima Geschenk.«

»Meinst du das ironisch?« fragte Jutta, nachdem sie genug Luft geholt hatte. Sie stand vor ihm, leicht gebeugt, und stützte sich mit den Armen auf die Knie, um ihren Kreislauf wieder zu beruhigen.

»Nur ein bißchen«, antwortete Werner. »So was wie heute hab ich als Kind zuletzt gemacht.«

»Und? Bleibt's beim Schneemannbau?« fragte Hubert.

»Später«, sagte Werner. »Paarmal durchatmen. Dann geht's weiter. Da hinten wird's nämlich erst richtig reizvoll.« Er wies mit dem Daumen gen Süden.

Hubert sah sich mit freudigem Schrecken um. Er brauchte ihn nicht einmal zu locken, er wollte von ganz allein über den schmalen Felsrücken zu den senkrecht abfallenden, zerklüfteten Basaltwänden. Hubert hatte sich schon ausgemalt, welche Überredungskünste er anwenden würde, und zur Not müßte er vorangehen und Werner dezent um eine letzte, intime Aussprache dort oben bitten, von Mann zu Mann. Vor seinem inneren Auge hatte er bereits gesehen, wie Werner stolpern und fallen würde. Wie er nachhelfen würde. Aber nun war er plötzlich wie gelähmt.

»Habt ihr etwa Angst, da auszurutschen?« fragte Werner mit leichtem Spott in der Stimme, als er aufgestanden war und niemand ihm folgte.

Hubert war blaß und zitterte. Schon wieder versagte er. Jutta, bitte tu du es, flehten seine Augen. Sie sollte verstehen, sie mußte verstehen! Jutta erwiderte seinen Blick mit leerer, klarer Gleichgültigkeit. Sie drehte sich kopfschüttelnd um und ging hinter Werner her, der Rücken militärisch gerade, als wollte sie so zeigen, wie sehr sie Hubert in diesem Moment verachtete.

Hubert blieb allein am Unterstand und krampfte seine Hände um die Rundhölzer, die das Dach trugen, als sei es auch hier gefährlich und abschüssig, als müsse man sich auch hier festhalten. Es dauerte unendlich lange, bis Jutta zurückkam. Aschfahl, stumm. Ohne Werner.

»Ist er ...?«

Sie nickte.

»Ich habe nichts gehört«, flüsterte er.

»Er hat auch nicht geschrien.« Ihre Stimme war hart wie Stein. »Du gehst jetzt runter und holst Hilfe, ich bleibe hier.«

Der Heilige Abend verlief ansonsten friedlich. Jutta mimte perfekt die vor Entsetzen erstarrte gute Freundin, Hubert war in einer ehrlich desolaten Verfassung, und beide flohen am nächsten Tag vor der gefürchteten Neugier und Anteilnahme des Dorfes nach Frankfurt. Nicht einmal zur Beerdigung wollte Jutta, und Hubert war ihr dafür dankbar.

Nichts sollte an Werner erinnern. Es sollte sein, als habe es ihn nie gegeben.

Hubert ging zum Alltag über und verabschiedete sich mit Küßchen vor dem täglichen Börsengang. Jutta zeigte sich anhänglich und willig, ihre alte Nähe wieder herzustellen. Nichts mehr wurde allein unternommen, noch enger klammerten sie sich aneinander. Doch eigentlich ohne miteinander zu reden. Ihnen schien irgendwie die Sprache abhanden gekommen zu sein. Beide sanken in aller Unschuld jeden Abend nebeneinander in die Kissen, ohne eine Berührung, die in Lust hätte ausarten können.

»Wann heiraten wir eigentlich?« fragte Jutta zu seiner maßlosen Überraschung ganz nebenbei, als sie ein Marmeladenbrötchen zum Sonntagsfrühstück aß.

Hubert räusperte sich. »Wir haben nie wieder darüber geredet ...«

»Wieso? Hat sich für dich was geändert?« Sie klang erstaunt.

»Nein«, stotterte er. »Nein, ich glaube nicht. Ich meine, es ist doch sowieso alles geregelt.«

»Willst du mich nicht mehr heiraten?« fragte sie mit schneidender Stimme.

»Doch, sicher. Es kommt nur so plötzlich. Ich meine ...«

»Ich möchte einfach Sicherheit, verstehst du?«

Ihre Frage erstaunte ihn, aber er sagte: »Ja. Natürlich.« Doch was meinte sie mit sicheren Verhältnissen? Alles war sicher, in seinen Augen. »Das heißt, im Grunde ist wirklich alles geregelt. Ich habe die Lebensversicherung zu deinen Gunsten abgeschlossen, steuerlich wäre es keine große Veränderung, weil wir beide so viel verdienen ...«

»Ach ja?«

»Aber natürlich heirate ich dich. Nicht, daß du denkst, ich hätte meine Meinung geändert seit ...«

»Ich will dich nicht einsperren, Schatz.« Das erste Mal seit etlichen Monaten wieder dieses liebreizende Wort. »Wenn du meinst, alles ist in Ordnung, können wir es auch lassen. So eine Hochzeit kostet bestimmt auch viel Geld, denk an die Feierei.« Jutta kaute zufrieden an ihrem Marmeladenbrötchen und hatte eine süße, blutrote Schnute.

Ungefähr ein Jahr nach Juttas erstem Eifel-Türmchen-Besuch mit Lea fuhren sie wieder nach Schutz. Ihr Häuschen roch modrig und feucht, Jutta riß die Fenster weit auf, um die lauwarme Frühlingsluft hineinzulassen. Hubert hörte sie in der Küche hantieren, während er vor dem Eingang die Wüste aus Löwenzahn und anderen Wildkräutern zu stutzen versuchte. Er hatte sie überreden müssen, hierher zu kommen. Es war eine Frage der Vernunft, denn anständige Menschen lassen nichts verkommen. Auch kein Haus, in dem man Schuld auf sich geladen hatte. Es würde sie nur verdächtig machen, wenn sie nie mehr in Schutz auftauchten. Es gäbe Erklärungsbedarf. Und Hubert sah es als Wink des Schicksals, daß so lange Zeit kein dunkler Schatten auf ihr Leben gefallen war. Da oben hatte jemand beschlossen, daß ihnen vergeben sei, Hubert spürte es genau. Alles war so vertraut, das Summen der ersten Bienen im Sonnenschein, das von Sommer und ungebremsten männlichem Tatendrang kündende Brummen eines elektrischen Rasenmähers irgendwo in der Nähe und das sonore Motorengeräusch auf dem Weg zur Wochenendsiedlung. Wie es der Ordnung entspricht.

Jutta saß in der Küche und war auffällig blaß, als er ins Haus kam.

»Ist dir nicht gut, Liebes?«

»Nur ein wenig Kopfschmerzen.«

Daran war nichts zu ändern, Hubert nahm die Malaise schulterzuckend zur Kenntnis und hoffte, Jutta würde sich nicht zu einer dieser ältlichen Damen mit tiefen Stirnfalten entwickeln, deren einzige Ekstase in den wilden Attacken von Migräne bestand.

Er drehte ihr den Rücken zu. »Wo ist die Handbürste, Liebes?« fragte er geistesabwesend, ließ am Spülbecken Wasser über die Hände laufen und versuchte, den Dreck unter den Fingernägeln zu entfernen.

»Da, wo sie immer ist.« Ihre Schritte entfernten sich hastig.

Tolle Antwort, dachte er, wenn ich wüßte, wo sie immer ist, würde ich nicht fragen. Seufzend machte er sich auf die Suche und öffnete die Tür des Schranks unter dem Becken. Mit einer geradezu eleganten Bewegung kam ihm der Mülleimer entgegen, dessen Deckel sich selbsttätig öffnete. Und den Blick freigab auf einen länglichen kleinen Karton, dessen Anblick ihm sofort heftige Übelkeit bescherte. Die Verpackung von Werners Weihnachtsgeschenk.

Dann siegte die Neugierde. Was hatte er ihnen zueignen wollen? Hubert fummelte das Päckchen hervor. Es war für ein elegantes italienisches Stilett gedacht, fünfzehn Zentimeter Klinge handgeschmiedet, pries der Aufdruck. Der Karton war leer. Was hatte Jutta damit gemacht? Und was zum Teufel sollte ein Mordinstrument unterm Weihnachtsbaum? Hubert vergaß in diesem Moment, daß auch seine Gestaltung des höchsten christlichen Festes in gewissen Punkten arg unkonventionell gewesen war.

Er wollte Jutta fragen. »Jutta!« brüllte er durch das Haus, doch keine Antwort. Vermutlich war ihr speiübel. Migränefrauen waren so, das hatte er gelesen. Sie verschwinden, liegen im Bett, brauchen Dunkelheit und ab und zu eine Plastikschüssel zum Kotzen. Irgendwo hörte er Wasser rauschen. Vermutlich war sie oben im Bad. Etwas rumpelte.

»Jutta? Liebes!«

Ein Ächzen war das einzige Lebenszeichen. Hubert zögerte. Er fand die Vorstellung, sie beim Sich-übergeben zu beobachten, wenig appetitlich. Er stand auf den Stufen und dachte nach. Nicht so zimperlich, schalt er sich, das ist alles nur menschlich. Ein besonders tiefes Röcheln ließ ihn schaudern. Nein, alles was recht ist, ein guter Partner kann den anderen auch mal in Ruhe lassen. Entschlossen ging er zurück in die Küche zum Spülbecken. Es geht auch ohne Wurzelbürste, dachte er verbissen und befreite seine Fingernägel angewidert mit einem Frühstücksmesser vom Dreck.

Der Rasenmähermann hatte eine Pause eingelegt, alles war still. Jutta hatte offenbar aufgehört, ihr Innerstes nach Außen zu würgen. Ich werde doch mal nach ihr schauen, dachte er milde gestimmt.

Er ging die Treppe hoch. Noch immer plätscherte Wasser. Es klang, als ließe sie sich ein Bad ein, das Rauschen war regelmäßig und nicht unterbrochen durch die Bewegungen des Händewaschens oder ähnliches. »Liebes, ist dir jetzt ...« Seine Stimme versagte. Er konnte nicht glauben, was er sah. Das Fenster war weit auf und gab den Blick frei auf den uralten Apfelbaum, der mit zartrosa Blüten geschmückt direkt davor stand. Sanft bewegten sich die Gardinen im Frühlingswind. In der Wanne türmte sich wohlriechender Schaum, bald würde er über den Rand hinaus auf die Kacheln des Fußbodens fließen.

Die Kacheln waren naß. Rot. Blutrot. Überall Pfützen von Blut, Spritzer auf dem Wandspiegel, auf den Handtüchern, auf der Toilette, auf dem Korb mit der schmutzigen Wäsche. Der Fensterrahmen war rot.

Hubert stürzte nach vorn, trat in all das Blut und sah entsetzt an sich herab, tastete nach Halt und griff doch immer nur in Blut. Irgendwie gelangte er ans Fenster und blickte hinunter. Jutta lag unten, nackt in einem Bett aus gelbem Löwenzahn und saftig grünem Gras, das allmählich auch die Farbe ihres Lebenssaftes annahm. Sie lag mit fahlem Gesicht himmelwärts. Es drückte nicht einmal Angst aus oder Schmerz, sondern nur maßlose Verwirrung. Ihre Hände lagen offen und entspannt neben ihrem Körper, und so weit es Hubert erkennen konnte, waren sie unverletzt. Sie hatte sich nicht gewehrt.

Die Beamten der Trierer Kripo leisteten ganze Arbeit. Sie stocherten im Komposthaufen und fanden nach Tagen das Stilett, von dem Hubert in wirren Sätzen sprach. Sie durchwühlten die entlegensten Winkel von Juttas Privatsphäre und fanden Briefe, geile, lustvolle Briefe von Werner an sie. Der Grund für den Mord: Eifersucht.

Hubert schrie: »Ich habe doch längst davon gewußt! Ich habe es akzeptiert! Warum sollte ich sie umbringen? Es war vorbei!«

»Sind Sie sicher?« entgegnete der Kommissar ganz ruhig. »Sie haben Hilfe geholt am Buerberg. Sie kam rechtzeitig. Der Mann ist nur ein paar Meter tief gerutscht. Ein paar Schrammen, mehr nicht.«

Hubert bekam zehn Jahre. Er hatte ein Motiv, kein Alibi, und er hatte die Tatwaffe beschrieben, obwohl er sie, wäre er unschuldig, wohl kaum kennen konnte. Hubert ergab sich stillschweigend, ohne ein Gefühl, ohne den Versuch, sich zu retten. Er gestand, Jutta im Rausch der Gefühle getötet zu haben. Das Geständnis war strafmildernd.

Wieder war es Frühling, als man ihn aus der JVA Wittlich entließ. Mit einer schlichten Sporttasche in der Hand trat Hubert in die Freiheit. Er fragte sich bis zum Busbahnhof durch. Man hätte ihm gern schon im Knast geholfen, aber Hubert wollte das nicht.

»Es soll sein wie im Film«, hatte er dem Wachpersonal gesagt. »Das Tor geht auf, und du gehst in die Sonne und weißt nicht wohin.«

Der Bus schaukelte ihn durch die Eifeldörfer Richtung Norden. Großlittgen. Manderscheid. Bleckhausen. Schutz.

Nichts hatte sich verändert. Immer noch prangte die Wochenendsiedlung wie ein Fremdkörper am Hang über dem Dorf, immer noch ragten die Erzeugnisse der Schmiede gefährlich weit auf die Straße, immer noch glänzte das Eifel-Türmchen in weißem Rauhputz, und mollige Shetlands grasten dahinter.

Er würde warten. Noch ging er nicht hinein. Außerdem hatte er keinen festen Plan. Erst mal schnuppern. Er ließ sich einfach auf der Bank der Bushaltestelle nieder und wirkte wie ein verirrter, leicht heruntergekommener Tourist. Von hier aus konnte er ungestört beobachten, wer in die Kneipe ging.

Da war Lea. Immer noch in Gesundheitslatschen, die Figur etwas wuchtiger als früher. Vegetarische Vollwertkost war wohl auch nicht der Bringer.

Ein Haufen Leute trudelte ein, manche Gesichter kannte er, die meisten jedoch bedeuteten ihm nichts. Er wartete sowieso nur auf das eine.

Werner hatte zugelegt. Sein ehemals athletischer Körper war aus dem Leim gegangen und zeugte von vehementem Bierkonsum. Einzig der Knackarsch war ihm geblieben, aber angesichts der über den Gürtel quellenden Fettmassen führte er wohl ein eher kümmerliches Dasein. Seine Schläfen waren angegraut, und er hinkte ein wenig. Hubert hoffte inständig, daß es eine Folge des weihnachtlichen Ausflugs auf den Buerberg war. Es sollte nicht alles vergebens gewesen sein.

Hubert wartete, bis er annehmen konnte, daß Werner und Konsorten friedlich abgefüllt an der Theke hingen. Es war unwahrscheinlich, daß ihn jemand wiedererkennen könnte, denn jede Form von Eleganz war ihm längst von Herzen Wurscht. Keine Rolex, keine Designerjeans. Alles stilecht Proletarier. Auch eine Form des Daseins.

Endlich stand Hubert auf, warf sich die Reisetasche über die Schulter und ging über die Straße in die Kneipe. Die Köpfe drehten sich, als sich die Tür öffnete, doch nach einer Schweigesekunde war klar, es war nur ein unbedeutender Fremder, und man redete weiter.

Werner jedoch schien die Blicke zu spüren, die ihm galten. Er schielte zu Hubert herüber, der still an einem Tisch am Fenster saß und nichts anderes tat als gucken. Dabei trank er gemächlich ein kleines Bier, so langsam, daß es längst schal sein mußte.

Nach einer Stunde hatte Hubert gewonnen. Werner nahm sein Glas und ging mit leichtem Torkeln auf seinen Tisch zu.

»Was glotzt'n du?« Werner war nicht eben höflich.

Lächelnd bot ihm Hubert einen Platz an. »Du erinnerst mich an wen.«

»Ach ja? Hab ich einen Doppelgänger?« Werner setzte sich, immer noch auf Krawall getrimmt.

»Das weniger. Du erinnerst mich an eine Frau.«

»Wie bitte? Seh ich aus wie ein Weib?« Werner sprach so unkontrolliert laut, daß sich die ganze Thekenmannschaft zu ihnen umdrehte.

»Du erinnerst mich an die Frau, die ich heiraten wollte.«

»Sag mal, Kumpel, bist du besoffen?«

»Du kennst mich nicht?«

»Weiß nicht. Könnte dich schon mal gesehen haben. Sollte ich das?« Mißtrauen flackerte in Werners alkoholumnebelten Augen auf.

»Das solltest du. Schöne Grüße von Jutta übrigens.«

»Ach du Scheiße!« flüsterte Werner.

»Stimmt. Stimmt absolut. Komm mit raus!« Hubert zischte den Befehl unhörbar für die anderen.

»Nie im Leben! Du kannst mir nichts nachweisen.«

»Brauche ich auch nicht«, entgegnete Hubert gelassen, »ich habe gestanden und dafür gesessen. Zehn Jahre lang. Für das, was du getan hast. Und jetzt raus mit dir!«

Sie nahmen den Hinterausgang. Hubert sah die Stelle, wo er das Schaukeln des Kombis beobachtet hatte. Werner war betrunken, er lehnte sich gegen den Stacheldraht, ohne einen Schmerz zu spüren.

»Du bist so schön ordentlich«, nuschelte Werner, und ein Grinsen stahl sich auf sein Gesicht. »Du hast immer alles perfekt geregelt. Sie hat mir gesagt, wir kommen an deine Lebensversicherung.«

»Wie wolltet ihr mich denn aus dem Weg räumen?« fragte Hubert verblüfft. Er hatte mit allem gerechnet, aber nicht damit.

»Mit diesem Messer, dieses scharfe Teil aus Italien«, sagte Werner mit einer verächtlichen Handbewegung. »War doch ein klasse Weihnachtsgeschenk, extra für dich. Aber dich hat's nicht erwischt. Kannst mir dankbar sein.«

»Und warum hast du sie umgebracht?« Hubert brachte es mühsam und mit flacher Stimme hervor.

»Die wollte plötzlich nicht mehr. Fing an zu flattern und jammerte, sie kriegt's nicht hin. Sie sollte dich erledigen, war so abgemacht. Notwehr, weil du aus Eifersucht ausgerastet wärst. Aber die ist selber langsam ausgeflippt und hat gedroht, daß sie dir alles sagt und zur Polizei geht.«

»Aber Weihnachten, da oben auf dem Berg ...« Hubert begriff nichts.

Werner schnaubte höhnisch. »War alles abgekartet. Der Rest ging per e-mail. Und eine Vera gab's nie.«

Hubert schwieg.

»He, ich weiß, es ist total schwer ... Sag mal, wieso hast du eigentlich gestanden, wenn du wußtest, daß ich es war?«

»Ausgleichende Gerechtigkeit. Deswegen.« Diesmal kannte Hubert keine Angst. Er trat hinter Werner, wußte genau, wie er die Schultern zu halten und den Kopf zu drehen hatte, um mit einem kleinen, gemeinen Knirschen alles zu beenden. Viel zu schnell, viel zu sanft, viel zu menschlich. Er hätte ein italienisches Stilett besorgen sollen. Er hätte es Werner vor die Augen halten sollen, als sei es das Messer, mit dem Jutta ermordet worden war. Der einzige Stilbruch. Aber immerhin.

Uta-Maria Heim *Beim nächsten Halt Mord*

Was nicht auf einer Manuskriptseite
zusammengefaßt werden kann,
ist weder durchdacht noch entscheidungsreif.
*Dwight D. Eisenhower * 14. Oktober 1890*

Ab 6.51, Stuttgart Hbf, Gleis 7: 107 km bis zum nächsten Halt.

Ich bin Waage. Ich bin höflich, entgegenkommend, charmant und diplomatisch. Ich kann mich gut in andere hineinversetzen. Was aber alles nichts hilft, und deshalb habe ich ein Messer dabei. Ein handgeschmiedetes Erntemesser mit einer nach vorn verbreiterten, spitzwinklig zulaufenden Klinge. Sie ist besonders scharf, und sie dient dazu, von oben in den Salatkopf hineinzustoßen, bevor man ihn aussticht.

Ich sitze allein im Großraumwagen 9. Alle Plätze um mich herum sind reserviert. Ich befinde mich auf der Rückfahrt. Der ICE 896 »Brandenburger Tor« fährt pünktlich los. Wenn man mich hier so sieht, das Messer auf dem Schoß, könnte man meinen, ich sei Köchin. Ich verstecke es unter einer Zeitung. Der Schaffner kommt und kontrolliert. Draußen patrouillieren Hochhäuser. Dahinter habe ich früher gewohnt. Es ist schon sieben Jahre her.

Damals arbeitete ich noch als freie Journalistin beim *Stuttgarter Tagblatt*. Ich hatte einen verrückten Job. Ich schrieb nämlich nur Nachrufe. Auf die Idee war Kellermann gekommen, nachdem einer der ganz großen Dichter gestorben war. Seinen Namen habe ich vergessen. Aber er war erst fünfundvierzig und stand schon auf der Liste für den Nobelpreis. Dann ist er einfach gestorben. Ganz plötzlich, an einem Sonntag. Keiner wußte, woran.

Kellermann hatte Dienst und rotierte. Es war Mitte Mai, und alle ansonsten frei verfügbaren Kritiker schwammen im Baggersee. Die Agentur schickte Schrott. Kellermann blieb nichts anderes übrig, als den Nachruf selber zu schreiben. Es wurde nicht sein bester Artikel. Und ich war damals Kellermanns Geliebte, ich mußte das ausbaden!

Kurz darauf beauftragte mich das Feuilleton damit, das Archiv mit fünfhunderteinundvierzig Nachrufen zu bestücken. Sämtliche der betroffenen Kulturträger waren quicklebendig und erfreuten sich einer robusten Gesundheit. Da ich sorgfältig recherchierte und bedachtsam schrieb, brauchte ich für den Auftrag knapp drei Jahre. In dieser Zeit starb kein einziger meiner bereits erledigten Klienten, und seitdem ich damit fertig bin, stirbt überhaupt keiner mehr.

Das Honorar steht mir zu bei Erscheinen eines Artikels. Es beträgt pro Nachruf pauschal fünfhundert Mark. Damit schuldet mir das *Stuttgarter Tagblatt* noch 270.500 Mark plus die Mehrwertsteuer.

Als mir vorige Woche das Konto gesperrt wurde, besaß ich noch Geld im Wert eines halben Nachrufs. Das reichte genau für eine Hin- und Rückfahrt mit Bahncard zweiter Klasse.

An 7.29, ab 7.32, Mannheim Hbf, Gleis 3: 77 km bis zum nächsten Halt.

Ich fahre grundsätzlich nicht schwarz. Ich mache mich

auch sonst nicht strafbar. Ich bin, wie gesagt, Waage, und obwohl ich nicht allzuviel auf Sternzeichen gebe, treffen einige Punkte voll auf mich zu. Beispielsweise sehe ich immer beide Seiten einer Sache, ich sehne mich nach Ausgewogenheit, Gerechtigkeit und Harmonie. Doch mein Schatten ist Widder. Der Widder ist das der Waage gegenüberliegende Tierkreiszeichen. Und deshalb darf ich mich manchmal meiner Spontaneität überlassen.

Ich müßte, wenn ich dem Waage-Prinzip weiter folgen würde, nacheinander fünfhunderteinundvierzig einzelne Morde begehen, um an mein Geld zu kommen. Dazu reicht mein Budget nicht mehr aus. Auch erscheint mir dieser Einsatz von Lebenszeit im Hinblick auf das Ergebnis ungerechtfertigt. Am Ende käme ich auf einen Stundenlohn von zwo Mark fuffzich, und das kann's ja wohl nicht gewesen sein. Deshalb bin ich teilweise umgestiegen auf Widder.

Doch, wie gesagt, ich befinde mich bereits auf der Rückfahrt. Zäumen wir die Geschichte also ruhig vom Schwanz her auf. Die vorletzte Station auf der Hinfahrt war gestern Mannheim. Eine scheußliche Stadt mit einem verlotterten Schloß, in der nur Kannibalen hausen. Oh, das ist kein Satz von mir, das ist ein Zitat meines Freundes Bechtmüller, der seit über fünfzig Jahren dort lebt. In Mannheim ist er groß geworden, Mannheim hat ihn zu dem gemacht, was er ist: einer der größten lebenden Schauspieler.

Ich bestellte Bechtmüller in ein Bahnhofscafé, nachdem das Wesentliche der Reise gelaufen war. Er trug einen Trenchcoat und sah schlecht aus. Ich fragte ihn, ob er krank sei. Er nickte und sagte, er habe nicht mehr lang. Ich überlegte kurz, ob ich ihn deshalb verschonen sollte, aber ich kann nicht mehr länger abwarten, ich brauche das Geld jetzt. Also händigte ich ihm seinen Nachruf aus, den ich zehn Jahre zuvor geschrieben hatte. Außerdem die Einladung der Schergen des Schiller-Theaters. Beim diesjährigen Berliner Theatertreffen soll Bechtmüller morgen ein Preis verliehen werden. Der Ehrenpreis für das vollendetste Lebenswerk. Er überflog beides und dankte mir sehr.

Jetzt steigt Bechtmüller ein. Ich tue so, als ob ich Zeitung läse. Das *Stuttgarter Tagblatt*. Er beachtet mich nicht. Zitternd zieht er seinen Trenchcoat aus und hängt ihn an den Haken. Sanft, beinahe unmerklich fährt der ICE wieder an. Bechtmüller taumelt, bevor er in seinen Sitz fällt. Er nickt ein, und als er wieder aufwacht, sind wir kurz vor Frankfurt.

An 8.10, ab 8.15, Frankfurt am Main Hbf, Gleis 8: 103 km bis zum nächsten Halt.

An meinem Geburtstag sind nur Unglücke passiert. Die Normannen eroberten England, Napoleon schlug Preußen, und Österreich verlor seine Großmachtstellung. Der Marxismus penetrierte die Sozialdemokratie, Bulgarien trat in den Krieg ein, Nazi-Offiziere zwangen Rommel zum Selbstmord, und die CDU eroberte das Zentrum Europas. Es ist kein besonders gelungener Tag, aber ich teile mein Schicksal unter anderem mit Katherine Mansfield, Hannah Arendt und Helmut Schelsky. Sie alle sind, wie ich, an einem 14. Oktober geboren, und sie sind alle schon tot. Ich habe auf keinen von ihnen den Nachruf geschrieben, obwohl Schelsky starb, nachdem ich über seine laschen Prognosen einer medienbeherrschten Massenkultur meinen Abituraufsatz geschrieben hatte. (Zusammen mit meiner Mitbewohnerin Nicola war ich vorher den Schulhof auf- und abmarschiert und hatte die Internationale gesungen, aber lassen wir das.)

Schelsky war also, im weiteren Sinne, mein erster Nachruf zu Lebzeiten gewesen. So gemein war ich später in meinen Artikeln nie wieder, denn für Gemeinheit gibt es kein Geld. Wir Waagen wissen, wie sich mit einer als Ergebenheit getarnten Chuzpe Kohle machen läßt. Das dachte ich jedenfalls, als ich in den Zwanzigern und, im Vergleich zu Schelsky, eine gestandene Revolutionärin war.

Das ist lange her und spielt eigentlich auch nirgends mehr eine Rolle. Das einzige, was bislang von mir geblieben ist, sind meine Nachrufe. Wahrscheinlich erscheinen immer noch welche, wenn ich schon fünfzig Jahre tot bin. Der jüngste meiner Klienten war ein blutjunger Bühnenautor aus Frankfurt. Er schmiß damals mit Scheiße und nannte sich DJ. Heute trägt er Maßanzüge und raucht Kette. Er ist seit fünfzehn Jahren schwer depressiv, aber zu erfolgreich, um sich ernsthaft umzubringen.

Jetzt geht vor ihm die Tür von Wagen neun auf, und schlagartig verkleinern sich die Sitze. DJ hat immer noch eine Wahnsinnsausstrahlung, mit der er einfach nicht fertig wird. DJ ist Widder, und wir konnten uns noch nie leiden. Deshalb grüßt er mich absichtlich nicht, dafür grüßt er Bechtmüller. Die beiden schütteln sich zu lang und zu kräftig die Hände, bis der eingefallene Bechtmüller an DJs Arm baumelt.

»Na, mein Junge«, krächzt er, »wie geht's?«

DJ sagt, der ganze Geschwindigkeitsrausch würde noch mehr Drive bekommen, wenn man von Beginn an mehr Pillen, Smarties und Placebos ins Spiel bringt.

Alternativ könne auch ein Hektoliter Vollmondbräu Grund für die veränderte Wahrnehmung sein, erwidert Bechtmüller.

DJ winkt ab und setzt sich Bechtmüller gegenüber. Er fährt mit dem Gesicht in Fahrtrichtung, und so sieht er nicht, wie sich hinter ihm der Regisseur Aspenberg und der Photograph van der Eiche durch den Gang zwängen. Beide sind dick geworden und mürrisch. Sie nicken knapp und wählen zwei Plätze auf der anderen Seite des Gangs.

Beide kennen mich nicht, und ich hätte sie auch kaum noch wiedererkannt. Damals, als ich ihnen die Nachrufe schrieb, haben beide noch viel adretter ausgesehen. Auch sehr viel fröhlicher. Jetzt sehen sie aus wie das doppelte Lottchen nach einem Zentner Antidepressiva. Aufgequollen. Aber Aspenberg hat eine Glatze und van der Eiche nicht. Das ist die einzige Freiheit, die bleibt im Leben: Glatze oder keine Glatze.

»Die Galle«, sagt Aspenberg und lutscht ein Vitaminbonbon.

Der Schaffner bietet Alkohol, Drogen und drei verschiedene überregionale Zeitungen an. Eine davon ist das *Stuttgarter Tagblatt.*

»Damit«, ruft van der Eiche, »kann man sich nicht einmal den Arsch abwischen.«

Alle schweigen und schauen aus dem Fenster. Es ist wahnsinnig peinlich, wenn bei einem älteren Herrn plötzlich der Korken knallt. Wie ein Rettungsboot schwankt der Schaffner vor van der Eiche hin und her.

»Hauen Sie ab«, schreit der, »hauen Sie ab, eh ich mich vergesse.«

Bechtmüller ist der erste, der die Sprache wiederfindet.

»Das ist Harry van der Eiche. Ein berühmter Photograph. Er hat für *Life* photographiert ...«

»Halt's Maul«, brüllt van der Eiche, »halt bloß dein Maul, du alte Schwuchtel ...«

Bechtmüller kichert. Aspenberg greift sich dorthin, wo er die Galle vermutet. Der Schaffner nestelt an seiner Aids-Solidaritätsplakette. DJ steht auf, packt ihn und nimmt ihm alles ab. Alkohol. Drogen. *Stuttgarter Tagblatt.*

Draußen fährt gerade Schlüchtern vorbei.

An 9.10, ab 9.12, Fulda, Gleis 7: 90 km bis zum nächsten Halt.

Es ist relativ einfach, dutzendweise kulturelle Prominenz in ein Großraumabteil zweiter Klasse zu hieven. Man braucht dafür einen Farbkopierer, einen Drucker und einen Anlaß. Dann hat man schon die Fahrkarten inklusive Ziel und Platzreservierung. Adressen, Bürobedarf und Briefmarken erleichtern den Vorgang. Man kann sich aber auch gleich als Kurier verkleiden. Das erhöht die Chancen unheimlich. Zumal, wenn von ferne ein Preis winkt. Der Kritikerpreis des Berliner Theatertreffens, verliehen für die beste Rolle. Das beste Stück. Die beste Regie und Photographie. Dafür fahren alle mit.

Im Moment verübt DJ mit Alkohol, Drogen und Zeitungen einen Anschlag auf die geltenden Betäubungsmittelgesetze. Und alle greifen zu. Ich esse eine bunte Schachtel leer, auf der steht »Sternzeichen statt Sterne sehen«. Eine Reisebegleiterin in Tanga-Uniform hängt zur Unterhaltung ihrer Gäste Discokugeln auf.

Neben mir liegt noch immer das Messer, das Erntemesser mit dem robusten Rosenholzgriff. Als es sich in der

Kugel spiegelt, verwandelt es sich in einen Steinbock. Ich lasse es mitsamt dem *Stuttgarter Tagblatt* in meine Tasche gleiten, denn in Fulda steigt eine ältliche Dramaturgin zu. Sie heißt Galbe, Hildegard Galbe, und trotz des Namens trägt sie Klamotten von Joop.

»Eva«, kreischt Hildi und fällt mir um den Hals. Ich rücke zum Fenster. Hildi riecht wie immer streng, denn sie hütet hinter Bad Salzschlirf Ziegen. Sie hat dann ein Handy dabei und wartet geduldig, bis es klingelt. Das geht manchmal Monate, aber dann ist es wieder soweit. Hildi wird geholt und macht Welttheater.

Ein Sixpack von Männerschädeln dreht sich nach uns um. Geschorene, graue, bezopfte, kahle. Alle schauen beleidigt und irgendwie leidend. Wahrscheinlich hat jeder von ihnen ein Magengeschwür.

»Manchmal«, raunt Hildi, »halt ich den ganzen Laden nicht mehr aus.«

Ich kann sie verstehen, und es tut mir ein bißchen leid, daß ich sie eingeladen habe. Sie hat es nicht verdient, mit dieser ganzen Gesellschaft zu entgleisen. (Nein, natürlich bin *ich* nicht befähigt, einen ganzen ICE zum Entgleisen zu bringen. Außerdem sitze ich selber drin. Ich wäre ja schön blöd ...)

Aspenberg bestellt sich ein Bier. Er fragt van der Eiche, ob er ihm aus dem Zugrestaurant welches mitbringt. Einen Moment lang sieht es aus, als ob van der Eiche ihm dafür eine scheuern würde. Aber es sieht bloß so aus. DJ trinkt aus dem Flachmann homöopathisch bedröhntes Salzwasser. Seine Brust ist tapeziert mit Nikotinpflastern. Bechtmüller ist eingenickt.

Im Wagen 9 wabert dichtes Stimmengewirr. Das meiste

klingt allzu freudlos. Rufe nach der ersten Klasse werden laut, nach mehr Komfort und weniger Heizung. Über alles wird geklagt und über alles gelästert, nur nicht über die Kultur. Kultur ist kein Thema. Das ist wie bei den Geistlichen: Für die ist Gott auch kein Thema.

»Bechtmüller ist ein Scheiß-Schau-Spieler«, sagt Aspenberg, wobei er über die Alliteration stolpert.

Bechtmüller reagiert nicht. Bechtmüller schläft.

An 9.41, ab 9.43, Kassel-Wilhelmshöhe, Gleis 4: 44 km bis zum nächsten Halt.

In Kassel sind alle außer Bechtmüller betrunken. Daran ist van der Eiche schuld, der aus einer plötzlichen Laune heraus dem ganzen Abteil einen ausgab. Aspenberg konnte das nicht auf sich sitzenlassen und zog nach. DJ steht im Klo und raucht eine Zigarette. Ein seniler Charakterdarsteller mit einem makabren Schädel stimmt einen Schlager aus den siebziger Jahren an. Eine Diva massiert ihm zur besseren Durchblutung die Füße.

Langsam wird es lustig. Ein Großschriftstellerehepaar drängt sich in unser Großraumabteil: Lotte von Soost und Winfried Morgentau. Im bürgerlichen Leben heißen sie Biggi und Michi. Bei Biggi ist die Sache klar, aber weshalb Michi sich wohl Winfried nennt? Mit Theater haben die beiden nicht das geringste am Hut, und nur aus Eitelkeit sind sie auf meine falsche Einladung hereingefallen. Pech für die beiden, aber hätten sie auch nur einen Moment lang nachgedacht, wäre ihnen das folgende erspart geblieben.

DJ kommt vom Klo wieder. Er bringt einen kleinen Souffleur mit, den er dort getroffen hat. Hildi erkennt in ihm ihren ältesten Enkel. Sie kramt in der Tasche und holt einen roten Apfel heraus. Der Souffleur hält ihn ans Licht und dreht ihn wie einen Globus zwischen den Fingern. Bechtmüller schläft immer noch. Der senile Charakterdarsteller und die Diva hören auf das Kommando eines eingefleischten Dirigenten, der ihnen eine subkutane Arie abzwingt.

Van der Eiche und Aspenberg streiten sich lautstark über die Benzinpreise. Das Großschriftstellerehepaar packt Brote aus und fängt an, sie an die Umsitzenden zu verteilen. Ich frage mich, wie ich unauffällig mein Getränk loswerde, und schütte es kurz entschlossen in die Klimaanlage. Umgehend breitet sich betäubender Bierdunst aus. Der Zugchef kreuzt auf und verteilt an alle Schwarzfahrer Horoskope.

Wir hatten schon seit langem nicht mehr so einen Spaß. Die Kulturträger zischen und fickfacken mit ihren Mundwerkzeugen. Daraus entsteht eine Kakophonie aus bimbam, Schnickschnack und Wirrwarr. Ich beginne zum erstenmal, an meiner Mission zu zweifeln. Ich hatte die faktische Kraft des Bestehenden unterschätzt. Die Hunde bellen, doch die Mühle mahlt weiter. Das Theatertreffen hält seine Trittbrettfahrer fest im Bann. Die Kritiker (und vor allem diejenigen, die ausgerechnet Waage sind) glauben immer, sie brächten Unruhe auf die Bühne, wenn sie nur wollten. Das stimmt aber nicht, wie man jetzt sieht. Alles ist verstärkt, so wie immer.

»Was ist eigentlich aus Ihnen geworden?« fragt mich Lotte von Soost, als ich schon die Hoffnung aufgegeben habe, daß einer mir Böses will. »Eine Freundin Peymanns?«

Ich schweige bedeutungsleer, doch schon steigt daraus

ein Aroma bleibenden Hintersinns auf. Man kann in diesem Ambiente nichts ungeschehen lassen, und binnen Sekunden hat sich herumgesprochen, welchen Einfluß ich auf die Weltmeinung habe und mit mir das Berliner Theater. Dabei kennt mich außer Hildi (naja) und meinem Freund Bechtmüller kein Mensch hier. Und Bechtmüller schläft. Sein Kopf ist auf die Seite gerutscht. Sein Mund steht offen.

Etwas Ungutes bahnt sich an. Ich werde entdeckt. Ich stehe plötzlich im Zentrum des Interesses, und, wie gesagt, ich halte nichts von horoskopischem Heckmeck. Trotzdem sind Waagen nun einmal Luftgestalten, wir wollen uns nicht von diesen hektischen Horden erden lassen. Hilfe! Mir bleibt nichts anderes übrig, als meine Mitreisenden flugs in Sterne zu verwandeln.

Hildi röhrt auf, ich glaube noch, ich hätte einen Hirsch neben mir, aber Hildi ist Löwe. Mir wird schlagartig ungemütlich, schon als Kind wollte ich nicht in den Zoo gehen, da sehe ich, Aspenbergs Sitz ist leer. Nein, nicht ganz leer, darauf krümmt sich ein schwarz glitzernder Skorpion mit einem giftgemeinen Stachel. Während eines ansonsten vollkommen sinnlosen Stipendiums in Goethes Haus in Italien habe ich selbst als Waage gelernt, Skorpione zu töten: Man stiftet Eckermann dazu an. Doch es ist keiner mehr da, der ihn spielen könnte. Van der Eiche ist Fisch und pupst mit dem Mündchen. Ich greife nach meinem rosenholzbewehrten Erntemesser, überlege es mir dann aber anders und lasse ihn in sein Bier fallen. Er japst asthmatisch, tummelt sich dann aber sichtlich wohl im Alkohol.

DJ hat seinen Geburtstermin gefälscht. Er ist gar kein Widder. DJ und der kleine Souffleur sind vielmehr Zwillinge, sie sitzen einander nackt auf dem Schoß und küssen und lieben sich wie verrückt. Lotte von Soost ist Schütze und erschießt ihren Gatten mit einer Armbrust. Da er wie ich als Waage durchgeht, malträtiert sie nur hüben und drüben das Polster.

Der einzige, den die Show kaltläßt, ist Bechtmüller. Das bringt mich auf den Gedanken, daß er tot sein muß.

An 10.01, ab 10.03, Göttingen, Gleis 9: 78 km bis zum nächsten Halt.

In Göttingen steigt Kellermann zu, wegen dem allein ich ja bis nach Stuttgart fuhr, aber er weilte in Hannover. Was er da trieb, weiß ich nicht, vermutlich wieder irgendeine Liebschaft. In der Tür verwandelt sich Kellermann in einen Wassermann, was nur zwei Drittel der Silben seines Namens verhunzt und ihm ansonsten gut steht. Er trägt ein Geflecht aus Algen um den Bauch, und lyrisch kräuselt sich sein silbernes Brusthaar. In den Teppichboden rammt er eine blinkende Mistgabel.

Inmitten all der Sternchen wirkt er sehr imposant. Ich fege den Regisseur Aspenberg auf den Boden und biete den Sitz Kellermann an. Der zögert, doch als er die fluoreszierenden Schuppen van der Eiches erblickt, der wie der stolze Gott der Gattung im Bier floßt, geht ein Ruck durch seinen schwimmgestählten Körper. Kellermann hat Hunger. Bevor nun gleich etwas ganz Böses passiert, besorge ich im Bordrestaurant Ratten, Cola und Würmer.

Die Ratten sind für Hildi, die auch sofort zu röhren aufhört. Sie legt den Kopf schief wie der Gattungsgenosse der gleichgesinnten Filmfirma. Blödselig schielt sie aus dem Fenster. Cola und Würmer sind für Kellermann, dessen Verdauungsapparat wie bei all seinen Kollegen wegen eines chronischen Tensidmißbrauchs defekt ist. Er löst die Weichtiere in der braunen Flüssigkeit auf, bis sie die Beschaffenheit von Schlamm annimmt, und kippt das dickflüssige Gesöff hinunter.

Kellermann hat sich von allen am wenigsten verändert. Er beansprucht ja auch keinen Platz in der Nachwelt. Er gehört genaugenommen gar nicht in diesen Zug, aber er lebt so ganz im Hier und Heute, und deshalb will er unbedingt zum Berliner Theatertreffen. Weil die dort nämlich lauter Preise ausloten. Den Preis für den verschnarchtesten Zuschauer. Die vergeigteste Vorstellung. Die dämlichste Kritik.

Kellermann ist, wie jeder substantiell Diesseitige, ein Freund der Superlative. Sein Vorbild ist der Kanzler, der aus seinem fünfzackigen Sternabzeichen ausgetreten ist. Kellermann steht wie der Staatsmann über den Sternen, selbst dann, wenn er bis zu den Knien im Schlamm steckt. Aber ihm dämmert allmählich, wir haben noch eine Rechnung offen.

Für ihn habe ich fünfhunderteinundvierzig Nachrufe geschrieben. Die Fahrt dauert insgesamt fünfhunderteinundvierzig Minuten. Das führt selbst im ausgekochten Schädel eines gestandenen Feuilletonisten zu unguten Vibrationen, zumal der Wagen gerappelt voll ist. Spätestens bis Braunschweig sind wir komplett.

Und auch Kollege Kellermann hat inzwischen ein Auge auf das Koma des berühmten Bühnenschauspielers Bechtmüller geworfen. Falls er daran denkt, endlich Hilfe zu holen, kommt diese garantiert zu spät. Auch haben wir drängendere Sorgen. Sie gelten dem makabren Charakterdarsteller und seiner Diva. Er ist nämlich Stier und sie ist Krebs. Das hat beiden vollends die Beziehung versaut, bis die Diva kurz vor Hildesheim beschließt, zu ihrem chinesischen Sternzeichen zu konvertieren. Dort ist sie nämlich Schwein, und Stier und Schwein, das geht nun wieder.

Friedlich stehen die beiden nebeneinander auf der Rollstuhlfläche und ruckeln mit den Köpfen. Der Zugchef kommt und bringt frisches Stroh.

An 10.29, ab 10.32, Hildesheim Hbf, Gleis 2: 43 km bis zum nächsten Halt.

In Hildesheim steigt DJ aus und übergibt den kleinen Souffleur der Bahnhofsmission. Ich habe immer gewußt, daß DJ ein mieses Arschloch ist, wie übrigens die meisten Autoren, vor allem dann, wenn sie zuviel fürs Theater schreiben. DJ schreibt ab und zu noch selbst, im Gegensatz zu Lotte von Soost, die nur als Abschreibungsprojekt ihres Gatten fungiert. (Sie hat ihn inzwischen übrigens an der linken Waagschale getroffen, doch da er digital funktioniert, nützt es auch nichts.)

Na ja. Ich merke, daß DJs Denunziantentum die Stimmung im Abteil nicht gerade anheizt. Er hat einen Fehler begangen, und Aspenberg krümmt mißbilligend seinen Schwanz. Mit allen acht Laufbeinen versucht er, vom Fleck zu kommen, wobei ihm die Fama nichts nutzt, daß Skorpione die schnellsten Spinnen sind. Kellermann hat mit dem nackten Fuß seinen Trochanter beschädigt. Aspenbergs Giftdrüsengang kontaktiert seinen erigierenden Stachel, indes Kellermann wollüstig mit den Zehen rollt. Das erste Drama bahnt sich an, wobei zu befürchten ist, daß Kellermanns Karma Braunschweig nicht mehr erreicht. Es ist etwas unglaublich Elendes, zwischen Hildesheim und Braunschweig sein vorgezogenes Ende zu finden, provoziert von einem galligen Regisseur, der sich auf den Trochanter getreten fühlt.

Aspenbergs Schwanz schnellt vor. Kellermann kreischt auf und faßt sich an die Ferse, während Lotte von Soost die Notbremse zieht. Der Zug rast weiter. Die Deutsche Telekom und die Deutsche Bahn skandieren über Funk »Weißt-du-wieviel-Sternlein-stehen«. Hildi defiliert nervös den Gang auf und ab. Ihre Vibrissen bekämpfen die Schallwellen, mit gesenktem Kopf und zuckendem Schwanz schleicht sie auf Aspenberg zu, der verzweifelt versucht, vom Fleck zu kommen. Ich entsinne mich, daß sie vorhin gesagt hat, sie halte den ganzen Laden nicht mehr aus, und befürchte das Schlimmste. Sie wird Aspenberg umbringen, nachdem der Kellermann umgebracht hat, und Bechtmüller ist sowieso tot. Deshalb braucht er ja auch kein Sternzeichen.

Auf einmal merke ich, mir sind die Hände gebunden. Wie Waage-Winfried habe ich mich in eine vollfunktionale Küchenhilfe verwandelt. Allerdings bin ich aus purem Edelstahl, und er ist teilweise aus Plastik. Wir Waagen haben eine Eigenheit: Wir können leider nicht eingreifen. Das ist bisweilen bedauerlich, aber im Augenblick ist es gewiß von Vorteil.

Ich habe mir das vorher noch nie so genau überlegt, jetzt aber stelle ich fest: Mir kann keiner was. Im Gegensatz zu den meisten hier habe ich eine faire Chance, daß ich den Zielbahnhof erreiche. So war das Experiment ja auch gedacht, wobei mir nicht klar war, daß ich bei dem Rollenspiel auf freier Strecke mitmachen muß. Im übrigen hab ich immer geahnt: Notbremsen sind rein was für die Ästhetik. Lotte von Soost bricht beinah zusammen, als ihr dämmert, daß auch diesmal ihr Einsatz wirkungslos bleibt. Dabei ist sie doch Schütze.

Ich kann mich leider nicht mehr bewegen, das heißt, ich pendle sacht, von der Klimaanlage und den Telekom-Bahnschen Schallwellen gerüttelt, auf und ab. Es ist nicht gerade das, was ich mir unter meinem zukünftigen Leben vorgestellt habe, und jetzt weiß ich auch, weshalb ich Horoskope hasse. Sie bekräftigen stets das Bestehende, und sie halten einem hautnah vor die Hornhaut, was nicht zu haben ist.

Unsereiner findet sich ab. Wenigstens muß ich nichts unternehmen, als zwei Stiere Streit mit einem Sündenbock anfangen, der, mit einem Widder im Schlepptau, ins Abteil drängt. Sowieso habe ich längst den Überblick verloren, es ist leider zuviel los, und ich kann nicht mehr sagen, wer im Getümmel wer ist.

Der ICE rollt in den Braunschweiger Bahnhof ein. Als er zum Stehen kommt, wacht Bechtmüller auf. Er reibt sich die Augen, bevor er sich auf der Stelle in eine Schlange verwandelt. Man denkt, die Geschichte ist zu Ende.

An 10.57, ab 10.59, Braunschweig Hbf, Gleis 7: 200 km bis zum nächsten Halt.

Dann aber geht es wieder von vorne los. Zweihundert Kilometer freie Fahrt liegen vor uns! Kellermann hat Aspenbergs Stichelei überlebt und wurde von Lotte von Soost verbunden. Auch Aspenberg lebt noch, und Hildi hat sich wieder beruhigt. Damit ist unsere Lage so aussichtsreich wie in einem Bühnenstück nach Beckett.

Sicherlich werden wir zur Attraktion des Berliner Theatertreffens, zumindest will das Bechtmüller.

Wir haben alle sofort begriffen, daß er nun der Chef ist. Keiner fragt ihn nach seiner Legitimation. Sternzeichen Schlange? Kein Problem. Die Schaffner misten bei den Stalltieren aus und bringen den Fischen frisches Bier. Kellermann kriegt schon seinen fünften Cola-Wurm-Cocktail. Hildi schenkt ihm ihr Handy. Kellermann telefoniert mit dem Chefredakteur. Er schildert Bechtmüllers schauspielerisches Stück in den brodelndsten Farben. Die Regie? Nun, der Regisseur sei ein gewisser Aspenberg, der könne aber leider im Moment nicht ans Telefon.

Für die triumphale Ankunft in Berlin Ostbahnhof werden zahlreiche Kamerateams bestellt sowie ein Heer von Lichtmasten. Die Sternstunde des Theatertreffens ist für das gemeine Publikum geschlossen. Wer auf dem Bahnsteig teilnehmen will, braucht eine Sondergenehmigung. Mir ist mal wieder das passiert, womit wir Waagen am meisten kämpfen: Ich habe das Eigentliche aus lauter Schiß vor den Folgen aus dem Blick verloren. Was ich zunächst wollte, war ein unmenschlicher Massenmord, und was nun dabei herauskommt, ist ein viehisches Spektakel. Unter die Verdauungsgeräusche mengt sich der Lärm aus den Lautsprecherboxen: Die Deutsche Telekom wurde mit der Deutschen Bahn zwangsfusioniert und spielt die belgische Nationalhymne rückwärts.

Der Zugchef hat Kellermann eben einen Laptop gebracht, und der tippt nun wie verrückt. Nachdem, schreibt er, die Wasserbüffel und Esel den Kunstmarkt erobert hätten, zögen die Klapperschlangen und Taranteln mit dem Theater nach. (Eine bösartige Anspielung auf den alten

Amateur-Autor mitsamt seinem tödlichen Hofregisseur. Kellermann schreibt einen wirklich wüsten Vorabverriß. Er ist auf Hottentottisch abgefaßt und steckt voller Schnalzlaute.)

Mir aber sind beide Hände gebunden. Ich kann nichts tun, um als Kritikerin an mein Geld zu kommen. Ratlos zucke ich die Schultern. Dabei dümpeln die Waagschalen dumm durch die Gegend.

Fassen wir also zusammen. Ich habe mit Hilfe von gefälschten Einladungen und Fahrkarten viel kulturelle Prominenz in ein Abteil gelockt, in der Hoffnung, daß sie sich dort alle gegenseitig abschlachten. Das ist nicht passiert, weil sich jeder gerade noch rechtzeitig auf das besonnen hat, was in den Sternen steht. Dachte ich zunächst, ich sei der Stein des Anstoßes, muß ich nun leider merken, daß es nicht mein Stück ist, das hier läuft.

Als Luftzeichen untersteht die Waage bekanntlich der Welt der Ideen. Sie ist davon besessen, daß der Wahnsinn, den sie sich ausmalt, auch aufgeht. So ich. Doch habe ich den Text ohne den Souffleur gemacht. Ich verleihe denen, die ich umbringen wollte, um an mein Geld zu kommen, gerade die ewige Unsterblichkeit!

Scheiße. Hildi schaut mich an, mit ihren schönen, treuen Löwen-Augen, feurig melancholisch, ergeben und stark. Als Antwort vibriere ich ein bißchen, Hildi hebt die Vorderpfote und wirft mich um. Butsch bin ich wieder die, die ich vorher war. Ich liege Kellermann zu Füßen und lecke ihm das blutige Sprunggelenk. Daneben liegt Aspenberg und sonnt sich. Bechtmüller versucht, Aspenberg auf dem Regiestuhl zu vertreten, wobei ein alter Schauspielertraum in Erfüllung geht. Van der Eiche hat das Bier, in dem er schwimmt, inzwischen fast ausgetrunken. Waage-Winfried ist ein Fall fürs Recycling. Und DJ? DJ hat ein Verhältnis mit dem Sündenbock von vorhin angefangen.

Ich erinnere mich daran, daß ich einmal Kellermanns Geliebte war. Das spielt jetzt zwar kaum mehr eine Rolle, doch vor meinem Abgang würde ich ihm gern was unter die silbernen Löckchen tätowieren. Schnell springe ich auf, was Hildi offenbar mißversteht. Der Zugchef schmeißt zwölf Kilo Frischfleisch herein, gerade noch rechtzeitig, was der Geschichte wieder eine andere Wendung gibt. Als Hildi beinahe satt ist, räkelt sie sich wohlig neben mir im Polster.

»Ich hatte einen seltsamen Traum«, flüstert sie.

»Schlaf weiter«, bitte ich. »Wirklich, glaub mir, es ist besser.«

Hildi öffnet die Augen und stößt einen spitzen Schrei aus. Mit ihrer gichtigen Kralle deutet sie kalt auf Kellermann. Dieser Wassermann war früher ihr Ehemann, und zwar just zu der Zeit ... Dann verschlingen mich Hildis wundersam raubtierhafte Augen. Und Hildi hat einen wahrhaft guten Appetit.

Kellermann belastet sich mit dem Gezänk überhaupt nicht. Er ist ganz der alte Profi. Was geht es ihn an, wenn sich seine lange geschiedene Frau und seine längst verlassene Geliebte in einem Zug begegnen!

Nun braut sich freilich ein scheißliberales Eifersuchtsdrama zusammen, das zudem zehn Jahre zu spät kommt. Und im Zuge dessen die Sternchen als Statisten malerisch in der Kulisse verschwinden. Weshalb hat mich Hildi nicht gleich erkannt? Warum nicht schon damals? Wieso brauchen wir immer erst die Anwesenheit der Männer, in deren krudem Antlitz sich sogleich die verkommene Wahrheit spiegelt? Wir nähern uns der letzten Manuskriptseite, auf der schließlich alles gesagt sein wird. Wie Eisenhower verlangt hat. In Echtzeit, meine Geburt steht unter keinem guten Stern. An meinem Geburtstag sind, wie gesagt, nur Unglücke passiert. Die Normannen eroberten England, Napoleon schlug Preußen, und Österreich verlor seine Großmachtstellung. Der Marxismus penetrierte die Sozialdemokratie, Bulgarien trat in den Krieg ein, Nazi-Offiziere zwangen Rommel zum Selbstmord, und die CDU eroberte das Zentrum Europas. Es ist kein besonders gelungener Tag, das finden hier alle, obwohl nur Hildi es sagt. Unvermittelt fängt sie an zu singen. Sie singt die Koda einer Schmonzette. Bechtmüller fällt nun vor Ekel wirklich tot um. Wir können seinen Abschied verschmerzen. Man könnte hier einwenden, es gehe alles arg durcheinander. Ist Bechtmüller nicht eben noch eine Schlange gewesen? Fürwahr, er wurde von der Minibar überfahren. So sieht es im wirklichen Leben aus, und breit und ledrig liegt Bechtmüller am Boden. Lotte von Soost hebt ihn auf. Sie will sich aus ihm eine Handtasche nähen, sobald sie die leidige Armbrust los ist, die echt zu nichts nützt.

»Ich war depressiv«, spricht DJ in ein improvisiertes Mikro, »doch nun erkenne ich, daß das Leben wieder Spaß macht.«

Davon haben wir nur nichts. Kellermann, ich und Hildi. Wir haben unsere drei Leben verplempert. Nichts wird von uns bleiben außer ein paar Nachrufen und einer gescheiterten Ehe.

Das Handy klingelt. Es ist der Chefredakteur.

An 12.04, ab 12.05, Berlin-Spandau, Gleis 6: 10 km bis zum nächsten Halt.

Und hier könnte die Geschichte schon wieder zu Ende sein. Wäre da nicht, eingewickelt ins *Stuttgarter Tagblatt*, mein Erntemesser. Wir haben noch neunzehn Kilometer, um uns restlos in unsere sterblichen Hüllen zurückzuverwandeln. Es gelingt überraschend leicht. Über Bechtmüllers Leiche wird ein Tischtuch gelegt. Es stammt aus dem Bordrestaurant und hat ein paar Rotweinflecken. Der senile Charakterdarsteller ziept sich Strohhalme von seinem makabren Schädel, und die Diva lacht. Die einzige, die leidet, ist Hildi. Kellermann hat seinen Artikel fertig und freut sich aufs Blitzlicht. Er kommt nicht jeden Tag vor die Kamera. Und ich? Bin trotz allem froh, daß alles glimpflich verlief.

»So ist es jedesmal, wenn wir uns alle hundert Jahre mal treffen«, sagt Aspenberg, der sich mit einem abgebrochenen Bleistift die Galle akupunktiert. »Erst wird jessesmäßig gesoffen. Dann streiten wir uns, und zum Schluß kommt ein starkes Stück dabei raus.«

»Das Sternzeichentralala ist wunderbar«, bekräftigt Lotte von Soost, die ihrem Gatten die geschundenen Schreibgelenke massiert. »So was hat's im deutschen Theater noch niemals gegeben.«

Hildi gibt sich einen Ruck und macht Verbesserungsvorschläge. Sie kann halt auch nicht raus aus ihrer Haut. Ab und an fällt ein mitleidiger Blick auf Bechtmüller. Das war es dann schon. Das alles ist irgendwie traurig, das weiß jeder, der mit uns einmal eine Bahnfahrt zweiter Klasse geteilt hat. Wir sind immer zusammen unterwegs, und wir haben uns niemals ernsthaft was zu sagen. So arbeitet

Kunst. Und sei es beim Berliner Theatertreffen, wohin, wie jeder weiß, nur die Crème fährt.

Plötzlich lege ich das Erntemesser auf den Tisch. Alle sind mit der Geste einverstanden.

An 12.16, ab 12.19, Berlin Zool. Garten, Gleis 1: 9 km bis zum letzten Halt.

Ein Arzt steigt zu, der den Totenschein ausstellt. Wir können Bechtmüller vor den fleischfliegensurrenden Kameras nicht ausladen, wenn über den Grund seines Ablebens keine Klarheit herrscht. Herzversagen. So endet es ja immer in der medienbeherrschten Massenkultur. Der Zugchef beschwert sich, wir seien eine lärmende, drogenabhängige Bande gewesen. Keine Werbung für die Deutsche Bahn. Der Arzt zuckt die Schultern.

Ich habe das vage Gefühl, daß noch etwas kommt. Das Nachspiel sozusagen. Immerhin habe ich auf dieser Reise fünfhundert Mark plus die Mehrwertsteuer verdient. Das ist mehr, als ich zu hoffen wagte.

Alle außer Bechtmüller machen sich für ihren Auftritt am Ostbahnhof zurecht. Alle zerdrücken Bierbüchsen und Pickel. Wir spüren plötzlich, daß wir als Helden ankommen. Als Helden und als Retter.

»Sagen Sie«, meint da der Arzt plötzlich und wirft einen zustimmenden Blick in meine Richtung, denn ich bin die einzige hier, die auf dem Teppichboden bleibt. »Sie sind doch bestimmt Waa...«

Waage. Bin ich. Baugrüfte fliegen an uns vorüber. Wir taumeln nicht mehr. Dabei sind wir immer getaumelt, von einer Festivität in die andere, und wir Kulturkritiker sind immer im Schatten gereist, Schwarzfahrer auf der Milchstraße, kopfüber im grellen Licht der Sterne ...

Doch was sich nun auftut, ist kein galaktischer Schlund. Es ist die finale Verheißung, und sie kündigt sich an binnen Zehntelsekunden. Dieses Fest wird keinen kaltlassen, der uns kennt. Durch diese Hintertür ist noch keiner in die Hauptstadt eingedrungen. Dies ist das absolut genialste Stück, und wir haben alle noch die Zeit, uns auf das Wesen zu besinnen. Wo wir herkommen, wo wir hingehen, welche Sterne uns leuchten.

»Sag mal«, fragt zuletzt Kellermann, während mir bereits Katherine Mansfield, Hannah Arendt und Helmut Schelsky begegnen, »was ist eigentlich dein Aszendent?«

Steinbock. Scheiße, Steinbock. Das hatte ich ganz vergessen.

An 12.32, Berlin Ostbahnhof, Gleis 3.

Der Zug hat seinen Zielbahnhof nicht mehr erreicht. In der fünfhunderteinundvierzigsten Minute kamen fünfhunderteinundvierzig prominente Fahrgäste ums Leben. Und eine mediokre Kritikerin.

Krystyna Kuhn *Alter Ego*

Halte ich meinen Körper gesund und rein? Habe ich unkeusche Gedanken? Habe ich mich im Zorn hinreißen lassen? Daß Marie ihn schon morgens zwang, eine Art Beichtspiegel für Schüler durchzuexerzieren, war nur die erste Auswirkung der Tatsache, daß am Freitag, dem 29. Oktober im Sternbild der Waage ein neuer Komet erschien.

Marie saß ausgerechnet in einem Schlafanzug vor ihm, dessen barockes Rosenmuster Justus' Augen irritierte. Außerdem hatte sie einen Marmeladenfleck auf der rechten Brusttasche, den Justus am liebsten mit dem Messer abgekratzt hätte.

»Verdammt noch mal, Justus.« Sie war schon fähig zu schreien, obwohl noch nicht einmal die Sonne aufgegangen war. »Hör mir zu, und beantworte verdammt noch mal wenigstens dir selbst ehrlich diese Testfragen. Alles, was hier steht, bist du! Zum Beispiel Punkt 2, 4 und 6: *Vermeiden Sie es, wegen möglicher Beschmutzung öffentliche Telefone zu benutzen? Verbrauchen Sie größere Mengen an Desinfektionsmitteln? Macht es Ihnen Sorgen, wenn Sie einen Tag verbringen, ohne Ihren Darm zu entleeren?*«

Während Marie weiter den Fragebogen herunterrasselte, war Justus damit beschäftigt, das Messer so zu legen, daß es genau auf der Linie des schwarz-weiß karierten Tischtuchs zur Ruhe kam. Die Beichte früher war eine leichtere Übung gewesen. Ein paar Reinigungsformeln im Stil von *Ich will meine Sünden bekennen ... Meine Hauptschuld war ... Meine letzte Beichte war vor vier Wochen ...*

dann drei *Gegrüßet seist Du Maria*, und alles war vergeben und vergessen. Aber ein Bußgespräch mit Marie ... Sie ließ einfach nicht locker.

»Beantworte mir die Fragen, Justus. Beantworte sie mir. Sag mir, daß das die Wahrheit ist, und dann versuche zu begreifen, daß ich das nicht länger aushalte. Daß du mich kaputtmachst. Daß ich mich, wenn das so weitergeht, von dir ...«

»Keine Sorge, Liebling!« sagte Justus, obwohl die Hand, die nach dem Kaffeelöffel griff, sichtlich zitterte. Er legte ihn quer zum Messer, so daß das Besteck die Hälfte eines Rechtecks mit dem Flächeninhalt $F = a \times b$ bildete. Alles war Mathematik.

»Du steckst mich an. Ich fange schon selbst an, hundertmal zu kontrollieren, ob der Herd tatsächlich aus ist, sobald ich die Wohnung verlasse.«

»Entschuldigung, Liebling.«

»Du sollst verdammt noch mal aufhören, dich zu entschuldigen. Zu einem Arzt sollst du ... laß das ...«

Justus rückte die Kaffeekanne aus Chrom so auf die Grundfläche eines der schwarz-weißen Stoffkästchen, daß sie als Inkreis beschrieben werden konnte mit den vier Seiten des Quadrats als Tangenten. *Ein Viereck ist genau dann ein Tangentenviereck, wenn in ihm die Summe zweier Gegenseiten gleich der Summe der beiden anderen Gegenseiten ist.*

»Und deswegen ...« hörte er Marie von weit weg sagen, »habe ich für dich einen Termin gemacht. Heute! 16.00 Uhr! Im Krankenhaus! Dr. Effimowicz!« Für jedes Ausrufezeichen stand in der Sprache der Kirche AMEN und in der Sprache der EDV ENTER. Justus hielt es nicht mehr aus. Er mußte das Brotmesser nehmen und dem Rechteck endlich die erlösende dritte Seite hinzufügen.

»Hörst du mir zu, Justus?«

»Es tut mir leid«, sagte er möglichst sanft. Er wollte sie schließlich nicht kränken. »Aber es geht nicht.« Das Brotmesser war gut einen Zentimeter zu lang. »Das mußt du einsehen.« Warum nur wurden Messer nicht in DIN-Größen produziert? »Wie zum Beispiel soll ich zum Krankenhaus kommen?«

»Mit der U-Bahn, womit denn sonst?«

»Aber du weißt doch, daß ich das nicht kann.«

»Genau. Darum geht es doch! Daß du es nicht kannst. Daß du bald nicht mehr aus dem Haus kannst. Aus Angst, du könntest dich bei jemandem anstecken. Alles ist inzwischen für dich ansteckend. Von den Türgriffen in unserer Wohnung bis zu der Tatsache, daß du dir nicht einmal deine eigene Hand schütteln würdest aus Angst, du könntest dich mit Aids anstecken.«

Warum regte Marie sich eigentlich so auf? Er übernahm schließlich den größten Anteil der Hausarbeit, putzte, wusch die Wäsche, bügelte sogar. Denn er sah ein, daß Krankenschwester ein anstrengender Beruf war. Und er liebte sie. Also, was beschwerte sie sich eigentlich? Kaufte er sich etwa Pornohefte? Nein, er war ihr treu. Lieh er sich Videos? Nein. Im Gegensatz zu Klaus. Dem Mann ihrer Freundin Lisa. Der hatte ihm letztes Silvester nämlich den Blick in andere Ehen eröffnet, als die Frauen in der Küche kichernd die Pfirsichbowle zusammengegossen hatten.

»Na, und«, hatte Klaus lauernd begonnen. »Wie steht's bei euch, Justus? Alles paletti?« Und als Justus nur nickte, lachte er unangenehm und fuhr in dieser ungeheuerlichen Sprache fort: »Soll ich dir etwas sagen, Justus ... also ehrlich gesagt, ich mach' es ab und zu lieber mit einem Porno als mit meiner Frau. Das ist nicht so anstrengend. Ich meine, ich mag Lisa, ich würde mich nie von ihr trennen. Aber sei ehrlich, Justus, ein Photo ist nicht so anstrengend. Man muß nicht reden, nichts vorspielen, niemandem gefallen. Nur der wunderbare Körper einer Frau, und er sagt nicht mal was. Oder, Justus?« Dann hatte Klaus wieder so komisch gelacht und war aufgestanden. »Ähnlich einfach wie ins Klo pissen.«

Der Wecker piepste. Erst leise, dann immer lauter. Justus atmete auf. Ja, er hatte doch gewußt, daß dieser Wecker eine gute Idee von ihm gewesen war. Warum wollte Marie verdammt noch mal nicht einsehen, daß er ihr nur half, das Leben in den Griff zu bekommen. »Wir müssen ... du kommst sonst zu spät zum Dienst«, sagte er und begann pfeifend, den Tisch abzuräumen.

Seit einem Jahr war Justus nicht mehr Auto gefahren. Seit dem Abend, als er völlig übermüdet aus dem Büro nach Hause gekommen war. Er behauptete, er habe beim Überholen einen Fahrradfahrer gestreift. Als er vorbei gewesen sei, habe er ihn nicht mehr hinter sich gesehen im Dunkeln. *Einfach verschwunden. Weg. Stell dir vor.* Nein, er hatte nichts gehört. Aber schließlich hatte es geregnet und ... Marie war mit ihm nach unten in die Garage gegangen. Sie hatten hundertmal das Auto kontrolliert. Aber es war keine Spur zu finden, die auf einen Zusammenstoß hinwies. Sie hatte ihn beruhigt. Vierzehn Tage später behauptete er, er habe ein Kind überfahren, das plötzlich auf den

Zebrastreifen gerannt sei. Wieder habe er Fahrerflucht begangen. Marie hatte die Polizei angerufen, sich nach einem Unfall erkundigt, aber nichts ... Da hatte sie zugestimmt und brachte ihn seither jeden Tag zur Arbeit und holte ihn wieder ab.

Marie beobachtete Justus, wie er langsam zum Eingangsportal seiner Firma trottete, den Aktenkoffer in der rechten Hand, in dem nichts war außer einer frischen Flasche Sagrotan. Was war nur von dem Mann übrig, den sie geheiratet hatte? Doch nichts außer den grauen Schläfen, dem Doktortitel und dem fetten Bankkonto. Sicher, er liebte sie. Daran hatte sie keinen Zweifel. Aber welchen Preis mußte sie nun für den Text seines Heiratsantrages zahlen, auf den sie hereingefallen war. *Ich möchte dein Kamerad, dein Freund sein. Dein Gefährte auf dem Weg des Lebens. Wie bei einer Waage: Beide Schalen sind miteinander verbunden. Was auf der einen Seite geschieht, wirkt sich unmittelbar auf die andere Seite aus. Und das ICH ist mit dem DU unlösbar verbunden.*

Hätte sie nur besser hingehört. Denn wie er sich auf sie auswirkte, spürte sie täglich am eigenen Leib. Sie lebte in einem Käfig, mit einem Mann, der ständig Gegenstände in regelmäßigen Mustern anordnete, der nur Möbel kaufte, die ideale geometrische Formen besaßen, der jeden Morgen, bevor er den Tisch deckte, erst Besteck und Geschirr nachzählte, kurz, der es mit Zahlen und Listen trieb anstelle mit ihr. Die einzige Möglichkeit, diesem Käfig zu entfliehen – wenigstens ab und zu – waren die Arbeit und das Auto.

Und Marie blinkte, was Justus weder sehen noch hören konnte. Sonst hätte er sich vermutlich gewundert, daß sie rechts abbog, obwohl der Weg zum Krankenhaus nach links führte.

Wie, fragte sich Justus in der Teambesprechung, sollte er sich schützen gegen Tage, die wie schwarze Löcher im Universum waren. Herr Wilhelm stellte ihn, Dr. Justus Klaas, vor allen anderen bloß: »Sie geraten immer stärker mit Ihrer Arbeit in Verzug. Seit Monaten kontrollieren Sie, ob Sie noch einen Fehler finden. Da stimmt doch etwas nicht. Ist Ihre Frau nicht Krankenschwester? Sehen Sie: die besten Voraussetzungen. Machen Sie die nächsten Tage einfach einmal früher Schluß und bringen Sie sich ins Lot.«

Mit dem Ellbogen zog Justus den Stuhl unter dem Schreibtisch hervor und setzte sich, nicht ohne zuvor die Sitzfläche mit dem Sagrotanspray einzusprühen.

André beobachtete Justus aus den Augenwinkeln, in seinen Mundwinkeln dieser besorgte Ausdruck, der in letzter Zeit immer öfter dort klebte, als hätte er sich wie eine Säure eingefressen.

Warum ließ er ihn nicht einfach in Ruhe, sondern führte ... ja, er meinte es gut ... den Angriff, den der Chef vor allen anderen gegen ihn geführt hatte, zum Finale.

»Mensch, Justus! Der Wilhelm hat recht. Du weißt doch selbst, was du den ganzen Tag hier treibst. Vor zwei Jahren hast du dein Programm geschrieben, und du suchst immer noch nach Fehlern. Deine Sachen werden mit veralteten Funktionen ausgeliefert, die Kunden meckern und rufen dauernd an, weil sie auf neue Features warten.«

»Aber es hat doch keinen Sinn, neue Sachen einzubauen, wenn in der alten Version immer noch Fehler sind.«

»Kapier's doch endlich. Du steckst in deiner eigenen Endlosschleife, wenn du so weitermachst.«

Und unerbittlich fuhr André fort: »Überleg' dir das doch einmal richtig. Sie zahlen dir ein horrendes Gehalt im Vergleich zu dem, was du leistest – und alles nur, weil es sich im Startprogramm gut macht, wenn dort steht: ›Verantwortlich Dr. Justus Klaas‹.«

Justus antwortete nicht, sondern begann, die Tastatur mit einem Speziallappen vom Staub zu reinigen. Es war nun einmal eine Tatsache, daß die Putzfrauen bei ihren täglichen Arbeiten die EDV-Geräte ausließen.

»Aber so langsam kommen die dahinter, daß du nicht mehr tragbar bist. Mein Gott, Justus, wenn sie anfangen, dich nach Hause zu schicken unter dem Vorwand, du sollst einmal entspannen, dann ist die Kacke am Dampfen.«

»Ich verstehe überhaupt nicht, wovon du sprichst.« Justus sprühte den Bildschirm ein und genoß das elektrische Knistern, als das Tuch den Staub wegwischte.

André tippte wie wild auf seine Tastatur ein. Die Art, wie er auf die ENTER-Taste hämmerte, machte Justus verrückt. ENTER, tipptipptipp – ENTER ENTER ENTER. Und das Ganze im Takt des Preßlufthammers, mit dem draußen die Straße aufgebohrt wurde.

Seine Arbeit war in Ordnung. Erst neulich, einen Tag vor der Master-Erstellung, hatte er wieder einen schweren Fehler in Andrés Tabellenkalkulation entdeckt. Der Eurobetrag wurde ständig falsch berechnet. Er hatte Herrn Wilhelm am nächsten Morgen darauf aufmerksam gemacht, der sagte: »Schön, daß Sie schon wieder einen Fehler entdeckt haben.« Und Justus hatte das Gefühl, daß seine Waagschale ein Stück nach oben ging. »Aber Herr Klaas, glauben Sie mir, das merkt kein Schwein. Das Programm nutzt sowieso nur der kleine Handwerker, und der kommt frühestens 2003 darauf, daß es den Euro gibt. Dann wird nämlich die Mark abgeschafft.«

Und ab ging's wieder nach unten.

Er schloß die Augen und versuchte sich zu konzentrieren, dann begann er das Tuch sorgfältig auf dem Schreibtisch auszubreiten, zu glätten und Ecke auf Ecke zu falten.

In Andrés Gesicht legte sich der Zweifel noch tiefer in die Mundwinkel. »Die haben jetzt jahrelang dein Gehirn ausgeweidet, Justus, und nun sind nur noch Drähte drin.« Er machte eine eindeutige Handbewegung mit nach oben gestrecktem Mittelfinger. »Genau das denken sie, wenn sie dich sehen, auch wenn sie Herr Dr. Klaas zu dir sagen.«

Justus' Herz krampfte sich zusammen und mit ihm der Putzlappen in seiner Hand. In seinen Ohren rauschte es orkanartig. Plötzlich und unerwartet überkam Justus der Wunsch, André mit dem Brieföffner den Mund aus dem Gesicht zu schneiden. Doch er verbannte das Bild, indem er vorsichtig mit dem Messer eine Taste nach der anderen herauslöste, um sie einzeln zu säubern. Das war sowieso schon lange wieder einmal nötig gewesen.

Marie schloß die Wohnungstür auf und atmete tief durch. Noch im Flur streifte sie die Kleider vom Körper ab. Sie sanken lautlos nach unten und blieben liegen. *Du bist doch kein Hund, der einfach alles fallen läßt.* Justus' Stimme hing in den Tapeten, in den Gardinen, unter dem Teppich und ließ sich nicht so einfach vertreiben. *Doch, Justus. Das bin ich. Eine läufige Hündin. Hörst du! Und stell dir vor, ich genieße es. Ich melde mich krank! Ha! Obwohl du der-*

jenige bist, der langsam verrückt wird, muß ich mich krank melden, weil ich es nicht mehr aushalte. Und nun warte ich hier in unserer Wohnung auf eine Medizin, die mir guttut.

Vor dem quadratischen Spiegel im Schlafzimmer blieb Marie stehen und schaute sich an. Als sie das erste Mal die Falten an ihren Oberschenkeln gesehen hatte, war ihr klargeworden, daß sie neben Justus unweigerlich alt werden würde, wenn es so weiterging. Alter färbt ab. Alter ist ansteckend.

Sie drehte sich einmal um die Hüften und schaute sich im Spiegel über der Schulter nach. Nahm den Bademantel vom Haken und ging unter die Dusche.

Ihre Haut war erhitzt und schläfrig. Und sie duftete sehnsüchtig nach dieser Lotion, die laut Justus so stark roch, daß sie Gefahr lief, im Krankenhaus aus Umweltschutzgründen entlassen zu werden. Es klingelte. Es war acht Uhr und *ihr* – Maries – Tag begann.

Am frühen Nachmittag stand Justus völlig ratlos im Nebel vor dem Bürogebäude und schaffte es nicht, sich zu orientieren. Vergeblich hatte er versucht, Marie telefonisch zu erreichen – immer, wenn er die fremde Frauenstimme am anderen Ende der Leitung hörte, legte er schnell auf.

Wie konnte er nur ohne sie entscheiden, welchen Weg er nehmen sollte, um zum Krankenhaus zu kommen? Der eine gerade durch das Firmengelände gegenüber an der Baustelle vorbei, wo der Preßlufthammer noch immer unaufhörlich Teerstücke herausbohrte und von dort im 90-Grad-Winkel? Oder links diagonal über den gewundenen Feldweg an verlaubten Schrebergärten vorbei? Er schloß die Augen und atmete tief durch. Marie wußte doch, daß er unfähig war, sich in einer Stadt zu orientieren, deren Grundriß aus Zufällen bestand und nicht aus Formeln. Ein Stadtplan, der auf der Grundlage ignoranter Berechnungen entstanden war, anstatt auf seinem Computer.

Marie. Sein Alter ego. Als er sie kennenlernte – er lag mit einer schweren Niereninfektion im Krankenhaus –, hatte er zum ersten Mal die Hoffnung geschöpft, er könnte sein Gegengewicht gefunden haben. Sie hatte es, fünfzehn Jahre jünger, durch ihre Fröhlichkeit, ihre Energie, geschafft, seine Angst vor dem Leben zu vertreiben. Und immer wieder hatte sie ihm versichert, sie brauche jemanden wie ihn, der ihr Grenzen setze, sonst ufere sie aus. Aber wann hatte Marie dann angefangen, die Grenzen zu überschreiten? Seit wann stießen seine Pläne und Vorschläge auf Ablehnung, zum Beispiel, daß sie die Nachtschichten aufgab, daß sie ihren Dienst seinen Bürozeiten anglich. »Aber, Justus«, hatte sie protestiert, »da bin ich ja total eingeengt.« Aber er hatte sie beruhigt. So sei es praktisch, sie könnten alles zusammen machen, oder? Und das sei doch schließlich das Ziel einer Ehe. Oder?

Und dann, Ende letzten Jahres, hatte sie begonnen, Dinge in Unordnung zu bringen. Zunächst nur Alltäglichkeiten. Sie ordnete das Besteck falsch ein, ließ Kleider liegen, sie war unpünktlich, kam abgehetzt vom Krankenhaus, vergaß einzukaufen.

Dann die Sache mit seinem Projekt, Stadtpläne aller Metropolen der Welt zu sammeln, einzuscannen und nach seinen Ideen neu zu gestalten. Auf der Grundlage komplizierter Algorithmen, die die Standorte der wichtigsten Gebäude berücksichtigten. In Frankfurts Mitte blieben so nur die Alte Oper und der Römer erhalten. Der Rest wurde rigoros gelöscht. Von diesen zwei zentralen Punkten ausgehend teilte er den Grundriß der Stadt in gleiche Quadrate auf und fügte an deren Eckpunkten zu seiner eigenen Freude Kreise – kleine Parks – ein. Alle mit demselben Radius, dessen Länge den Seiten jedes der quadratischen Stadtviertel entsprach. Den bereits fertig geplotteten Stadtplan Frankfurt am Main City wollte er als Vorschlag ans Stadtbauamt schicken.

Aber als sie wieder einmal mit ihm durchexerzierte, was er das Beichtritual ihrer Ehe nannte, hatte Marie die Blätter aus Wut zerrissen. Er konnte ihr das nur schwer verzeihen. Schließlich hatte er ihr vertraut. Sie war die einzige, die er in das perfekte Regelwerk seines Lebens eingeweiht hatte. Warum mußte sie damit anfangen, die Regeln zu brechen, die sie einige Jahre zuvor noch hatte unterschreiben wollen? Sie hatte zwar über ihn gelacht. »Wir könnten sie zur Sicherheit ja auch noch beim Notar hinterlegen«, und als er ausrief: »Gute Idee!«, hatte sie ihn schnell auf den Punkt seines Körpers geküßt, an dem sein Schwerpunkt lag. Wie sie einmal zusammen ausgerechnet hatten, am Anfang ihrer Beziehung.

Justus liebte sie noch immer wie am ersten Tag, aber es fiel ihm schwer, ihr zu verzeihen. Doch um ihr nach dem Gespräch heute morgen seinen guten Willen zu beweisen, würde er zu diesem Termin bei Dr. Effimowicz gehen.

Marie lag nackt in ihrem und Justus' gemeinsamen Ehebett. Ihr Körper fühlte sich endlich wieder einmal so weich an wie eine Süßigkeit aus Schaumzucker mit Himbeergeschmack.

»Es reicht«, stieß sie zufrieden hervor und meinte damit

nicht nur Justus, sondern auch, daß Klaus aufhören konnte, weiter an ihrer Cellulitis herumzukauen. Klaus stoppte augenblicklich. Das hatte sie einkalkuliert. Sie wußte schon von Lisa, daß ihn Reden beim Sex impotent machte.

»Es reicht«, wiederholte sie. »Ich werde ihn verlassen!«

»Das sagst du jedesmal«, erwiderte Klaus, »und nichts ändert sich. Aber meinetwegen kannst du bei ihm bleiben. Mich stört er nicht. Obwohl ich zugeben muß, daß es für dich bestimmt nicht einfach ist, mit so jemandem zu leben. Weißt du, an wen mich Justus erinnert? An meinen Freund Paul.«

Wenn Klaus seine Potenz ausreichend bewiesen hatte, meinte er stets, er müsse ihr seine postkoitale Eloquenz durch Witze und Anekdoten beweisen. Zu einem vernünftigen Gespräch war er nicht fähig.

Klaus lachte. »Ach ja, der Paul. Der hatte eine Mutter, die legte besonderen Wert auf Tischmanieren. Du weißt schon. Messer rechts und Gabel links.« Klaus setzte sich in Justus' Bett auf und drückte seinen schweißnassen Rücken gegen das Kopfkissen. Dann preßte er in militärischer Haltung beide Arme fest an den Oberkörper, als wolle er unter beiden Achselhöhlen gleichzeitig Fieber messen.

»So!« sagte er dann. »So mußte Paul bei Tisch sitzen.« Und lachte erneut. »Und weißt du, wie seine Mutter ihn dazu brachte? Sie klemmte ihm zwei Markstücke in die Achselhöhlen. Wenn sie beim Essen runterfielen, dann mußte er an diesem Tag hungern; blieben sie stecken, kamen sie in seine Sparbüchse.«

»Heute«, Marie ging nicht auf das Phänomen Paul ein, »geht Justus zum Arzt. Denn ich kann unmöglich so weitermachen! Daß ich ihn nach Strich und Faden betrüge! Wenn er nur erst einmal dort war. Ich habe Dr. Effimowicz genau instruiert.«

»Du kannst dich unmöglich harmonisch aus der Affäre ziehen. Da machst du dir umsonst Hoffnung.«

»Aber Justus haßt Streit. Und er liebt mich. Das ist ja das Problem. Daß er immer wiederholt, wie sehr er mich liebt, wie gut er mit mir harmoniert, daß ich sein Alter ego bin. Ich möchte weiß Gott nicht schuld sein, wenn er sich etwas antut. Er wird es zwar nicht ertragen, wenn ich ihn verlasse, aber mit Hilfe von Dr. Effimowicz kommt er hoffentlich drüber weg.«

»An deiner Stelle würde ich anders vorgehen. Das ist doch bei Justus ganz einfach. Der schnellste Weg zur Scheidung führt bei ihm über die Unordnung. Störe seine Aura, und du bringst ihn dazu, daß er sich freiwillig trennt. Paß auf, er wird dir viel Geld dafür zahlen, daß er dich los wird. Ich kann dir gerne dabei helfen. Im Chaos verbreiten bin ich groß, frag Lisa.« Und Klaus fuhr mit dem Kopf unter die schwarze Satinbettwäsche. Der weiße Bademantel aus kühlem Leinen, Sonderanfertigung vom Schneider mit dem Etikett *Marie Klaas – Weihnachten 1998* fiel zu Boden.

Marie stöhnte. O Gott, wie sie Klaus dafür haßte, daß er ihr solche Lust bereiten konnte. Ein Mann, dessen ganzer Charme am Unterleib hing.

»Justus«, stieß sie hervor, »denkt im Gegensatz zu dir zuerst an mich. He, er ist Waage, hast du das vergessen?«

»Genau, und ich Skorpion.«

»Was heißt das?«

»Das wirst du gleich merken!«

Und während sich Klaus unter der Bettdecke mit ihrem

Körper beschäftigte, fragte sich Marie, warum es das nicht auf dem freien Markt gab? Eine Kombination aus Justus und Klaus. Nach der Regel: *Minus mal minus gibt plus.*

Erst vor zwei Jahren, nachdem ihm eine Niere endgültig entfernt werden mußte, hatte Justus sich verändert. Sie hatte sich bei den Ärzten im Krankenhaus erkundigt, ob die Entfernung einer Niere impotent mache, aber man hatte ihr versichert, daß das nicht zwangsläufig Auswirkungen haben müsse. Sie solle Geduld haben. Schließlich sei die Entfernung einer Niere ein entscheidender Eingriff in den Körper und wie im Falle ihres Mannes, der ja besonders feinfühlig sei, auch in die Psyche. Ein Jahr hatte sie Geduld bewiesen. Aber dann war sie zu dem Schluß gekommen, daß sie nicht nur von Luft und platonischer Liebe leben konnte.

In der U-Bahn zu sitzen, das kam Justus fast vor wie ... ja fast wie eine Fahrt durch den Katheter, der aus dem Unterleib des alten Mannes auf dem Krankenhausflur gekommen war. Auf jeden Fall derselbe Geruch nach Pisse.

Wenn Marie wirklich krank war, wie sie im Krankenhaus gesagt hatten ... mußte er sofort nach Hause, mußte den Termin bei Dr. Effimowicz platzen lassen. Dicht gepreßt stand er neben einer Türkin. Die Farbkombination ihrer Kleidung erschien ihm wie eine besonders mißlungene Mischung aller zur Verfügung stehender Körpersäfte. Die ganze Zeit schob sie ihren Leib schützend vor einen dreckigen Buggy, in dem ein schwarzgelocktes Mädchen saß. Ihm lief der Rotz aus der Nase und gleichzeitig quollen geronnene Milchreste aus dem Mund. Durch die Menge und Schwere der Gewänder nahm die Mutter mehr

Platz ein, als es ihr natürlicher Körper unter den Stoffballen vermutlich verlangte. In Justus' Manteltasche steckte der Brieföffner. Er wäre sicher scharf genug, ihm Luft zu verschaffen. Zu allem Überfluß begann das Mädchen noch zu schreien, und diese schrillen Töne verbanden sich mit dem Quietschen der Bahn und dem Telefongespräch, das ein Mann neben ihm stehend per Handy führte, zu einer unerträglichen Kakophonie. In seinem Kopf malte er sich ein Schaltbrett aus mit unzähligen Stimmbändern, die er nach und nach zerschnitt, bis endlich Ruhe herrschte.

Dann stiegen Mutter und Kind auch noch an derselben Station aus wie er. Und Justus fühlte sich genötigt, der Frau beim Aussteigen zu helfen. Denn ein Rad des Wagens verhakte sich am Trittbrett, und so faßte er automatisch an die Achse und hob das Kind hoch. Doch plötzlich ... ihm wurde schwindlig ... rutschte der Wagen aus seiner Hand, kippte zur Seite, das Kind fiel nach unten, mit dem Kopf zuerst. Und in Justus entstand das stechend scharfe Bild, wie er den zarten Kinderschädel mit den noch nicht verknöcherten Nähten fallen ließ. Der Schrei der Mutter klammerte sich hysterisch an seine Ohren wie zuvor das Quietschen der U-Bahn, als sie in den Bahnhof einfuhr. Sie sollte die Klappe halten. Ihn nicht stören. Denn gleich knallte der Kopf des Mädchens auf das dreckige Pflaster des Bahnsteigs und zersprang.

Doch plötzlich kam eine helfende Hand von hinten. Ein junger Mann mit Rucksack griff gerade noch rechtzeitig nach dem Kind und zog es nach oben. Das Kind war so erschrocken, daß es sofort aufhörte zu weinen. Justus entschuldigte sich wortreich, ohne zu wissen wofür. Schließlich war es ja nicht seine Absicht gewesen. Er hatte einfach selbst beim Aussteigen das Gleichgewicht verloren! Mein Gott, das konnte doch jedem einmal passieren. Schließlich hatte er es eilig. Seine Frau war schwer krank, Sie verstehen ...

Die Angst im Kopf, Marie könnte tatsächlich ernsthaft krank sein, rannte Justus die Treppen zu seiner Wohnung hoch. Er spürte sofort, daß etwas nicht in Ordnung war, daß sich sozusagen das ökologische Gleichgewicht verändert hatte. Ihre Kleider lagen verstreut im Flur. Dennoch zwang er sich, geradewegs ins Schlafzimmer zu gehen, ohne zuvor, wie sonst, erst alle Räume zu kontrollieren. Und er fand Marie schlafend vor. Schlafend und, wie er verwundert feststellte, nackt.

Marie merkte, daß jemand ins Zimmer gekommen war und leise über den Teppich ging. Ein Schatten fiel auf ihre noch geschlossenen Lider, und sie spürte, wie etwas ihr Gesicht berührte. Sie öffnete die Augen und fühlte eine Hand heiß und schwer auf ihrer Stirn liegen.

Sie fuhr hoch. »Justus, was tust du denn schon zu Hause?«

»Entschuldige«, antwortete Justus völlig außer Atem und trat einige Schritte zurück, »ich wollte dich nicht erschrecken.«

»Aber was ist denn passiert?«

»Ich war im Krankenhaus, wollte dich dort treffen, wegen des Arztes, du weißt schon, aber dort hat man mir gesagt, daß du krank bist.«

»Ich muß eingeschlafen sein«, sagte Marie und rekelte sich in einer Art, die er nicht an ihr kannte. Da war so eine Wolke aus Wärme, die sie verströmte.

»Was hast du? Wieso bist du krank?« Fast hätte er statt krank nackt gesagt.

Marie richtete sich auf. Ihre Brüste fielen nach unten wie der Urinbeutel am anderen Ende des Katheters. Seine Augen suchten verzweifelt nach dem Bademantel, der normalerweise an der Tür hing, aber jetzt zerknüllt unter dem Bett hervorschaute.

Marie beobachtete sich und Justus, als sähe sie beide zum ersten Mal richtig. Sie erkannte eine nackte Frau und einen korrekt gekleideten Mann. Brille, Anzug, weißes Hemd, Krawatte, knitterfreier Mantel.

»Ich muß dir etwas sagen, Justus«, begann sie entschlossen.

Zwar machten Kinder Dreck, Lärm. Ihnen lief der Rotz aus der Nase, aus dem Mund quoll Milch, sie konnten aus Kinderwagen fallen, ihr Gehirn war so klein, daß es wie eine Glaskugel auf der Straße zerspringen konnte, durch seine Schuld mea culpa mea culpa mea ... Aber, wenn Marie es sich wirklich wünschte. »Bist du schwanger?«

»Schwanger? Schwanger? Sag mal, bist du nun völlig verrückt geworden? Wie, meinst du, sollte ich wohl schwanger werden von einem Mann, der sich vor seinen eigenen Spermien ekelt?«

»Aber was fehlt dir dann? Du bist krank. Was hast du?«

Marie schwieg. Und Justus hatte das Gefühl, sie hole nur Atem, um ... »Willst du dir nicht etwas anziehen?«

»Justus, warum willigst du eigentlich nicht ein?«

»Du weißt doch«, antwortete Justus einlenkend, »daß ich prinzipiell nichts gegen Kinder ... aber wir waren uns doch einig ...« Seine Stimme wurde etwas lauter. »Oder?«

»In die Scheidung. Ich meine die Scheidung«, sagte Marie, als ob es das Natürlichste von der Welt sei.

Justus blinzelte verstört. Wieso war auch sein Bett unordentlich? »Aber wir können uns nicht scheiden lassen.«

»Wieso nicht?«

»Wir sind verheiratet.«

Marie schloß die Augen und versuchte sich zu beherrschen. »Aber«, begann sie, »siehst du denn nicht, daß es nicht geht mit uns? Justus«, sie streckte die Hand nach ihm aus, »laß uns einmal offen reden, du bist ...«

»Wenn es so nicht geht, dann müssen wir eben neue Regeln aufstellen, mit denen es geht. Unser System neuen Bedingungen anpassen.«

Justus konnte sich nicht erinnern, daß sie es je gewagt hatte, ein Glas auf die Holzkonsole neben dem Bett zu stellen. Sie wußte doch, daß dies Flecken auf der schwarzen Lasur geben konnte. Und überhaupt, seinetwegen mußte sich nichts verändern, sie mußte sich nur an die Regel halten, keine Gläser mit ins Schlafzimmer zu nehmen.

»Mein Leben, Justus, mein Leben versandet. Meine ganze Energie vertrocknet, wenn ich mich weiter an deine Regeln halte. Deine Regeln erwürgen mich. Sie legen sich fest um meinen Kopf, um meinen Hals, um meinen Brustkorb und drücken zu.«

Er mußte sich schützen gegen solche Momente. Es durfte nicht noch einmal passieren, daß er außerhalb der Regeln nach Hause kam und sein Schlafzimmer in einem Chaos vorfand. Und wie Marie so dalag, immer noch nackt, obwohl er ihr den Bademantel hinstreckte, sie aber nicht reagierte, sondern ihn nur anschaute, fast etwas spöttisch wie Klaus damals am Silvesterabend. Ob er sich vielleicht doch in ihr getäuscht hatte? Vielleicht war Marie doch nicht sein Alter ego, die andere Waagschale. Denn ehrlich gesagt, ihr Anblick strapazierte ihn über alle Maßen, und in ihm wuchs der Verdacht, daß sie das Gewicht sein könnte, das ihn in letzter Zeit niederdrückte. Die immer wieder in ihren Bußgesprächen verlangte, daß er noch mehr auf seine Seite packte: an Treue, an Zuverlässigkeit, an Beständigkeit, an Geduld, an Harmonie.

Aber ... Justus wurde schwindelig ... ohne Marie würde er ins Bodenlose sinken. Er zog die Hand aus der Manteltasche, um das Bild geradezurücken, das schief hing.

»Hör auf!« schrie Marie. »Hör auf damit!«

Ein Schmerz fuhr durch seinen Finger. Erstaunt schaute er auf seine Hand und stellte fest, daß er sich geschnitten hatte. Am Brieföffner, der noch immer in seiner Manteltasche steckte, wie ein Schwert in der Scheide. Er hielt ihn wieder fest umklammert, obwohl ... er war ein friedliebender Mensch. Und er fürchtete Blutflecke auf dem empfindlichen Parkettboden. Andererseits hatte er eine todsichere Methode. Es wäre nicht das erste Mal, daß er mit einer Zahnbürste in der Hand auf dem Boden herumkroch, als sei er schuld daran, daß der Alltag sich in das Holz fraß und es immer mehr in Staub auflöste. Er war prinzipiell gegen jede Vergänglichkeit, weil er wußte, daß es sie nicht gab. Wenn Geraden ins Unendliche weiter wuchsen, und es unendlich viele Sonnensysteme gab, konnte es keine Vergänglichkeit geben, außer für die, die sich aufgaben.

Zu allem Überfluß stand Marie nun auch noch auf. Ging nackt vor seinen Augen hin und her. »Ich will meine Freiheit, Justus.«

Ihre Brüste wippten, hatten sich plötzlich wieder aufgebläht, gefüllt mit Luft und Leben, so schien es ihm.

»Und du wirst mich nicht daran hindern. Ich habe die ganze Zeit versucht, dich zu schützen. Du mußt nicht denken, daß ich nicht zu schätzen weiß, daß du dich bemüht hast, daß du mich liebst, aber nun ... hörst du mir zu? Verdammt. Was rede ich da, warum schütze ich dich eigentlich? Und vor wem? Doch nur vor dir selbst.«

Sie stellte sich vor ihn hin, faßte ihn an der Schulter, und ihre Brustwarze streifte seine linke Hand, die er erhoben hatte. Er hatte plötzlich Angst, er könnte sich getäuscht haben und der Fleck auf ihrem Schlafanzug heute morgen war keiner gewesen, sondern diese kleine Warze, die sich gegen seine Hand drückte und dabei größer wurde, zu einer Warze auf seiner Hand wurde, die er nur noch nicht bemerkt hatte.

»Bitte ziehe dir doch etwas an«, versuchte er die plötzlich einsetzenden Kopfschmerzen in eine andere Richtung zu lenken. »Das ist ja alles gar nicht wahr. Es wird alles wieder gut. Du bist krank, hast Fieber. Wir werden neue Regeln aufstellen. Die alten zerreißen. Wir werden eine Lösung finden. Wie in jedem Programm sind eben auch in unserem Leben Fehler aufgetreten, mit denen ich nicht gerechnet haben. Bitte ...« und er hob wieder den Bademantel und hielt ihn ihr entgegen. »Vielleicht habe ich Fehler gemacht. Aber glaub' mir ... ich werde sie finden, die Fehler.«

»Du bist ja krank.« Sie schrie plötzlich mit diesem großen Mund, dessen unregelmäßige Form er nicht beschreiben konnte, weshalb er es stets vermieden hatte, ihn anzusehen. »Deswegen habe ich diesen Termin vereinbart, bei

Dr. Effimowicz.« Dann fuhr sie ruhiger fort: »Justus, er kann dir helfen, er ist ein bekannter Psychiater, einer der besten, glaube es mir.«

Der Brieföffner in Form eines Schwertes bewegte sich in seiner rechten Hand vor und zurück, vor und zurück. Wenn sie ihn nicht sofort losließ ... wenn nicht sofort ihre Brustwarze aufhörte, sich in seine saubere Hand zu brennen ... er würde sich heute abend wieder stundenlang waschen müssen. »Bitte«, sagte er schwach, »bitte zieh dir etwas an ...«

»Nicht ich bin krank, sondern du. Du bist schon lange krank.« Sie schrie jetzt so laut, daß Speicheltropfen in sein Gesicht sprühten. Konnte sie sich beim Schreien nicht die Hand vor den Mund halten? Herrgott noch mal! Womöglich hatte sie sich noch nicht einmal die Zähne geputzt. Hatte er jemals wirklich kontrolliert, ob sie sich die Zähne putzte? Nein, er hatte ihr blind vertraut.

Seine Hand war nun am Rande der Manteltasche angekommen. Er prüfte an seiner Handfläche, ob die Klinge scharf genug war. Achtete nicht darauf, daß die Spitze sich immer wieder in die Haut bohrte. Es mußte sein. Wenn Marie ihm weiter diese ungeheuerlichen Dinge ins Gesicht spie. Und alles nackt. Ungeniert. Fehlte nur noch, daß sie anfing, sich eine Zigarette anzuzünden. Er hatte bisher immer gedacht, daß sie nicht rauchte, aber nun schien alles möglich zu sein.

»Justus, ich muß es dir sagen, damit du begreifst, was vorgeht. Ich habe dich betrogen. Hier!« Sie stieg aufs Bett und stand über ihm. »In unserem Schlafzimmer!«

»Bitte«, sagte Justus und bemerkte nicht, daß er es nicht laut aussprach, sondern nur immer wieder in seinem Kopf dieses Flüstern wiederholte. *Bitte bitte bitte zieh dir etwas an, zieh diesen Bademantel an.*

Sie schrie jetzt so laut, daß Tränen der Anstrengung in ihre Augen traten. »Und weißt du mit wem? Mit Klaus. Dem Mann meiner besten Freundin!«

Eine einzige Welle in seinen Ohren spülte plötzlich die Erkenntnis in sein Gehirn. Sein Kopf bewegte sich mit rasender Geschwindigkeit direkt nach unten. Er stieß einen undefinierbaren Laut aus. Setzte sich auf die Bettkante und vergrub sein Gesicht im Kopfkissen. Er wollte nichts mehr hören, denn nun verstand er endlich, was das Lächeln von Klaus am Silvesterabend bedeutet hatte. Es hatte bedeutet, daß Klaus in sein, in Justus, sauberes Klo gepisst und nicht gespült hatte. Und leider so ungenau, daß noch Spuren in seinem Schlafzimmer, in seinem Bett zu finden waren.

Marie betrachtete seinen zitternden Rücken, seine zuckenden Schultern, und er tat ihr leid. Gern hätte sie ihm gesagt, daß alles gut würde, wie sie es täglich zu Patienten sagte, die sie nichts angingen. Aber es war unmöglich. Und so sagte sie nur: »Du wirst es schaffen.«

Justus richtete sich auf. Da war es wieder. Dasselbe hatte sie damals vor der Operation zu ihm gesagt. Und ihm Hoffnung gegeben. Er mußte sich um ihretwillen zusammenreißen, die Ordnung wiederherstellen. Und langsam begann er, alles klar zu sehen, die Fehlerquelle aufzudecken: Ganz offensichtlich meldete sein Gehirn ihm gerade einen *System Error* und er erlitt einen Systemcrash, wie er ihn noch nie erlebt hatte. Und zwar aufgrund eines Virus. Ein Virus namens Klaus. Der sich in seiner Ehe, seiner Wohnung ausgebreitet hatte. Der Marie, seine Frau, infiziert hatte.

Justus zog den Brieföffner hervor.

»Justus ...«

Und da Marie offensichtlich davon befallen war, mußte er ihr helfen.

»Zieh dich an«, sagte er zärtlich zu ihr. »Du kannst nichts dafür. Ich verstehe jetzt alles.«

»Was, Justus, was verstehst du?«

Seine Stimme war sanft und ruhig wie früher. »Leg dich hin und schlafe, mein Liebes.«

Marie zog wie automatisch den Bademantel über ihre Schultern. Justus nickte befriedigt. Er hatte den Mantel für sie ausgesucht, und er war aus so festem Material, daß keine Brustwarze mehr zu sehen war.

»Keine Sorge, Liebste. Ich bringe das Ganze in Ordnung. Ich weiß, wie man sie am schnellsten beseitigt.«

»Justus, wovon sprichst du?«

Doch bevor Marie noch verstand, was Justus antwortete, hatte er das Schlafzimmer bereits verlassen.

»Justus!«

Zwar tat es Justus leid, daß er Marie allein lassen mußte, wo sie ihn, weil sie krank war, dringend brauchte. Doch manchmal blieb einem eben nichts anderes übrig, als Ordnung zu schaffen und die Festplatte neu zu formatieren. Es war so einfach. Eines der schönsten Reinigungsrituale der menschlichen Zivilisation. Einfach FORMAT C: eintippen und nicht auf den Hinweis achten: *Warnung! Alle Daten auf der Festplatte in Laufwerk C: werden gelöscht!*, sondern nur entschlossen die Frage *Formatierung durchführen?* mit der Taste ENTER bestätigen.

Stuart M. Kaminsky

Der Skorpion in der Waage

Fullham war fast mit dem Rasieren fertig, als es an der Tür klingelte. In den drei Monaten, die er hier wohnte, hatte noch niemand geklingelt, niemand war an seine Tür gekommen, und doch war er nicht überrascht, als sich sein erster Besuch ankündigte.

Er schaute in den Spiegel. Er hatte in sechsundvierzig Jahren viel durchgemacht. Aber sein Gesicht sah immer noch jugendlich und glatt aus, und er hatte nur ganz wenige graue Haare.

Es klingelte wieder.

Er war erst vor wenigen Minuten aus der Dusche gekommen. Er wollte bereit sein für das, was er an diesem Nachmittag tun mußte. Jetzt stand er barfuß und ohne Hemd da. Er spülte die Seife ab und wusch sich das Gesicht mit kaltem Wasser. Dann trocknete er sich ab.

Fullham hatte schon länger als vier Monate nicht mehr mit Gewichten trainiert, aber sein Körper war immer noch straff, und jeden Tag machte er morgens und abends eine halbe Stunde lang Liegestütze und Kniebeugen.

Es klingelte.

Er prüfte sich noch einmal im Spiegel, strich das Haar mit den Händen glatt und verließ das Bad. Er mußte noch etwas im Schlafzimmer und im Wohnzimmer erledigen.

Es klingelte.

Als er fertig war, ging er über den Holzfußboden zu der schweren, stahlverstärkten Tür. Eine seiner Bedingungen beim Einzug war gewesen, daß er eine neue Tür einbauen und Gitter an den Fenstern anbringen durfte – obwohl die Wohnung im fünften Stock lag. Gentry, der müde wirkende Hauswirt – zerknitterter Anzug, beginnende Glatze mit Schweißperlen darauf –, hatte zugestimmt, weil er froh gewesen war, in dieser zusehends heruntergekommenen Gegend überhaupt einen Mieter zu finden, und weil er zudem nichts dabei verlor: Wenn Fullham auszog, konnten die Gitterstäbe und die verstärkte Tür als Anreiz für einen möglichen Nachmieter dienen.

Es läutete gerade wieder, als Fullham die Tür öffnete. Zuvor hatte er durch den Spion gespäht. An der Wand im Flur gegenüber seiner Tür hatte Fullham im Abstand von einem Meter zwei Spiegel angebracht. Die Spiegel waren klein und unauffällig, und ihr Neigungswinkel ermöglichte es ihm, nach beiden Seiten bis zum Ende des Hausflurs zu sehen. Es stand niemand draußen, außer einer Frau, die ihn anschaute.

Er öffnete die Tür.

»Robert Miles Fullham?« fragte sie.

Sie war so groß wie er, hatte einen dunklen Teint wie er und war ausgesprochen hübsch. Sie hatte kurzes blondes Haar und trug ein dunkles, teures Modekleid. Sie sah nicht älter aus als fünfunddreißig. Er war sicher, daß sie älter war, mehr in seinem Alter. Sie hielt etwas in der Hand.

»Ja?« fragte er und blieb in der Tür stehen.

»Hier.«

Sie überreichte ihm eine Brieftasche.

»Die haben Sie im Supermarkt verloren, neben der Feinkosttheke.«

Er nahm die Brieftasche entgegen.

»Danke«, sagte er.

»Gern geschehen. Wollen Sie nicht das Geld nachzählen und schauen, ob alle Kreditkarten noch da sind?«

Sie lächelte und zeigte perfekte weiße Zähne.

»Nein, ich werde das Geld nicht nachzählen und auch nicht nach den Kreditkarten schauen.«

»Dann ist das so in Ordnung?«

»Ja, vielen Dank. Alles bestens.«

»Dann gehe ich jetzt wieder.«

»Darf ich Ihnen etwas anbieten ...«

»Nein«, sagte sie lächelnd. »Ich ... nein, aber vielen Dank.«

»Bitte kommen Sie herein. Nur eine Minute. Ich würde Ihnen gerne etwas zu trinken anbieten oder ...«

Sie schaute auf die dünne goldene Armbanduhr an ihrem linken Handgelenk und zog die vollen Lippen nachdenklich zusammen.

»Eine Minute«, sagte sie.

Er trat beiseite, und sie kam herein. Fullham schloß die Tür hinter ihr. Sie schnappte fest zu, mit einem metallischen Klicken. Er sperrte den Riegel ab.

Sie schaute die Tür an, ohne jede Spur von Angst.

»Sie sind vorsichtig«, meinte sie.

»Paranoid«, antwortete er. »Falls Sie Angst haben ...«

Er streckte die Hand aus und wollte die Tür wieder öffnen.

»Nein, nein.«

Er nickte und fragte: »Kaffee? Kann ich Ihnen einen Kaffee anbieten?«

»Das wäre nett. Schwarz.«

Sie lächelte nervös und schaute sich im Zimmer um.

Fullham lächelte nicht.

»In ein, zwei Minuten ist er fertig«, sagte er. »Nehmen Sie bitte Platz.«

Sie nickte und lächelte ihn zurückhaltend an.

Er verschwand durch eine Tür zu seiner Rechten.

Sie schaute sich im Zimmer um und betrachtete die vergitterten Fenster. Es war später Nachmittag. Die Sonne schien noch. Die Frau sah sich die Möbel und den gewienerten Holzfußboden an. Als Fullham eingezogen war, hatte er den schmutzigen Teppichboden angehoben und darunter gute Eichendielen vorgefunden, denen er zu ansehnlichem Glanz verholfen hatte. Die Einrichtung bestand aus einfachen Versandhausmöbeln: zwei Sessel und ein Sofa, mit einem groben grauen Stoff mit schwarzen Streifen bezogen. Ein kleines Fernsehgerät stand auf einer Eichenkommode neben der Tür, durch die Fullham verschwunden war. Es gab drei Stehlampen und ein maßgeschreinertes Bücherregal, das ungefähr einen Meter breit war und bis zur Decke reichte. Die Bücher in den Regalbrettern standen in Reih und Glied.

Was die Aufmerksamkeit der Frau wirklich erregte, waren jedoch die Gemälde: zwanzig an der Zahl, alle in einfachen, schwarzen Rahmen, manche vertikal, manche horizontal aufgehängt, aber alle in ein und demselben Format, etwa sechzig auf fünfundsiebzig Zentimeter.

Die Frau hörte, wie Fullham in der Küche hantierte, und ging, von den Bildern angezogen, auf die Wand zu. Auf den ersten Bildern zu ihrer Linken war die dunkle Farbe dick und schwer aufgetragen und ragte plastisch hervor wie unregelmäßige Bergkämme. Sie glaubte, Zorn darin zu entdecken. Sie betrachtete die Bilder der Reihe nach; die Farbe war zunehmend weniger dick aufgetragen.

Die Farbtöne wurden heller. Die Bilder waren von links nach rechts angeordnet, entwickelten sich von abstrakten, dunklen Gemälden zu sonnendurchfluteten Porträts von Männern, Frauen und Kindern.

Die ersten sechs Gemälde stellten dasselbe Zimmer dar, einen fensterlosen, menschenleeren Raum, in dem nur Möbelstücke standen. Einfache Möbelstücke. Das Zimmer wurde aus verschiedenen Blickwinkeln dargestellt.

Die nächste Bildergruppe war weniger dunkel, aber abstrakter gehalten. Das Bild, das sie am längsten festhielt, zeigte eine einfache Waage, grauweiß vor einem blauen Hintergrund. Die Waage neigte sich nach rechts, weil die linke Waagschale leer war und in der rechten ein roter Skorpion saß, den Schwanz hochgereckt und bereit, zuzustechen.

Sie ging schnell an den restlichen Gemälden vorbei, auf denen meistens Männer abgebildet waren, müde Männer und lächelnde Männer, und stand schließlich vor den Frauenporträts, vier an der Zahl, alle vier sehr schön, und, wie sie jetzt erkennen konnte, alle von derselben Frau. Das Haar der Frau war in einem Gemälde kurz und blond, lang und dunkel im nächsten, im dritten dunkelrot und hochgesteckt, im letzten hing es in einem fast weißen Pferdeschwanz über ihre rechte Schulter. Die Frau lächelte auf allen Bildern. Danach kam eine Gruppe von vier Kinderporträts, jedes anders, die Kinder vielleicht im Alter zwischen fünf und zwölf Jahren.

Er machte sich immer noch in der Küche zu schaffen. Sie wollte zu dem Bücherregal, blieb stehen und betrachtete einen Augenblick lang den Skorpion auf der Waagschale. Das Gemälde hielt sie in Bann, bis sie sich gewaltsam losriß und vor das hohe Bücherregal trat.

Die Bücher standen nicht in einer bestimmten Ordnung. Es gab ein Buch über die Kunst der Inuit, ein Geschichtsbuch über Peru, ein schmales Lehrbuch des Banjospiels, ein Buch über die diplomatischen Beziehungen der USA zu Indien, Biografien von Filmstars, Schriftstellern und Soldaten, ein Band über Uhren und wie man sie repariert sowie Romane von Mickey Spillane, Tolstoi, Joyce Carol Oates, James Fenimore Cooper, Hans Hellmut Kirst, Albert Camus, Roald Dahl, Louis Lamour, Borges und Marjorie Kennan Rawlins.

Gerade als sie ein Buch über Tierkreiszeichen in der Hand hielt, spürte sie seine Gegenwart im Küchendurchgang auf der anderen Seite des Zimmers. Sie drehte sich langsam um, das Buch in der Hand.

»Haben Sie die alle gelesen?« fragte sie, während sie die Buchreihen entlang blickte.

Fullham stand da und hielt zwei identische blaue Kaffeebecher in den Händen. Er hatte jetzt ein langärmliges Jeanshemd mit Button-down-Kragen an.

»Ja«, antwortete er.

Sie stellte das Buch sorgfältig wieder in das Regal und ging zu ihm hinüber, um die warme Tasse entgegenzunehmen. Ihre Finger berührten sich.

»Ihr Geschmack ist auf jeden Fall …«

»Eklektisch«, ergänzte er. »Ich lese alles, was ich in die Finger bekomme.«

»Haben Sie je den Film *Botschafter der Angst* gesehen?«

»Mit Sinatra? Ja.«

»Nachdem man ihm eine Gehirnwäsche verabreicht hat, liest er alles, egal was, ein Buch nach dem anderen, die

Bücher stapeln sich nur so. Dann trifft er Janet Leigh und hört mit dem zwanghaften Lesen auf.«

»Ich erinnere mich«, erwiderte er. »Den habe ich vor langer Zeit im Fernsehen gesehen. Der Kerl wird durch die Gehirnwäsche dazu gebracht, ein paar Freunde zu töten. Dann bringt er seine Freundin und ihren Vater um, dann seinen Stiefvater und seine Mutter.«

»Stimmt. Bringt er auch irgendwelche Brüder und Schwestern um?«

»Er hatte keine«, meinte Fullham.

»Und Sie?«

»Brüder und Schwestern?«

»Ja«, sagte sie. »Frau, Kinder, Mutter? Vater?«

»Meine Mutter und mein Vater sind gestorben«, antwortete er. »Ich habe eine Schwester, eine Zwillingsschwester. Ich bin nicht verheiratet.«

»Haben Sie ein gutes Verhältnis? Ich meine Sie und Ihre Schwester?«

»Sehr«, meinte er. »Und Sie?«

»Ich auch«, meinte die Frau und trat ein paar Schritte zurück, um sich auf das Sofa zu setzen. Den Kaffeebecher hielt sie mit zwei Händen. Ihre langen, roten Fingernägel bildeten ein in sich verzahntes Muster. »Ich habe einen Mann, einen vierzehn Jahre alten Sohn und einen Bruder.«

»Und? Haben Sie ein gutes Verhältnis zu ihnen?« fragte Fullham.

»Zu meinem Mann und meinem Sohn? Ja. Zu meinem Bruder eigentlich nicht. Ich würde eher sagen nein. Diese Bilder, sind die von Ihnen?«

»Ja«, antwortete er, immer noch im Stehen, und schaute auf die Gemälde.

»Haben Sie noch mehr gemalt?«

»Ja.«

»Viel mehr?« fragte sie.

»Noch ungefähr achtzig. Manche sind an Freunde gegangen. Andere habe ich gelagert.«

Draußen rumpelte etwas, ein Lastwagen vielleicht. Sie konnten ihn in der Ferne hören, durch die geschlossenen und vergitterten Fenster und aus dem fünften Stockwerk. Fullham und die Frau schwiegen.

»Dieses da«, sagte sie und deutete an die Wand, nachdem das Rumpeln aufgehört hatte. »Das mit der Waage und dem Skorpion. Bevor Sie ein Hemd angezogen haben, habe ich ...«

»Narben gesehen«, sagte er.

»Ja«, antwortete sie. »Narben und etwas, das aussah wie diese Waagschalen, war auf Ihrem linken Arm tätowiert, direkt auf dem Bizeps.«

»Waage«, meinte er. »Ich bin Waage.«

»Ist das Ihre einzige Tätowierung?«

Sie nahm einen kleinen Schluck Kaffee.

»Ja«, antwortete er.

»Zufall«, meinte die Frau.

»Wie? Sie sind auch Waage?«

»Nein«, sagte sie. »Skorpion.«

Sie stellte ihren Becher auf eine Ausgabe des *Times Magazine*, die vor ihr auf dem Tisch lag, streifte sich den linken Schuh ab und schaute ihn dabei an. Sie drehte ihren Fuß so, daß er eine ganz kleine Tätowierung direkt unter ihrem Knöchel sehen konnte.

»Es ist ein Skorpion«, erklärte sie. »Ich bin Skorpion.«

»Ihre einzige Tätowierung?«

»Ja«, antwortete die Frau und streifte auch den anderen Schuh ab. »Das ist ein Skorpion auf der Waagschale in dem Gemälde.«

»Ja«, meinte er und betrachtete das Gemälde.

»Kennen Sie einen Skorpion?«

»Ich interessiere mich eigentlich nicht für Astrologie«, erwiderte Fullham. »Das habe ich vor langer Zeit gemalt. Ich hatte einmal einen Zimmergenossen, der war Skorpion.«

»Ein Zimmergenosse. Das Zimmer in den Gemälden«, sagte sie. »Sie waren einmal im Gefängnis, nicht wahr? Es geht mich zwar nichts an, aber das Zimmer sieht wie eine Zelle aus.«

»Im Zuchthaus«, korrigierte er. »Ich war im Zuchthaus. Da habe ich auch die Tätowierung her. Als ich zum ersten Mal ins Zuchthaus kam. Wenn ich mit dem Muskel spiele, neigt sich die Waage.«

»Auf welche Seite?« fragte sie lächelnd.

»Auf welche Seite ich sie haben will. Wollen Sie jetzt gehen?«

»Nein«, sagte sie. »Nein. Ich habe meinen Kaffee noch nicht getrunken. Wollen Sie mich loswerden?«

Er schaute ihr in die Augen.

»Nein.«

»Ich habe noch nie einen Exsträfling gekannt«, meinte sie. »Ich habe jung geheiratet, bin dann mit meinem Mann nach Wilmette gezogen. Er ist Buchhalter. Ich habe einen College-Abschluß in ein paar unbedeutenden Nebenfächern, habe mich in einigen Gruppen engagiert. Kein sehr interessanter Lebenslauf. Und wie war Ihr Leben?«

Er stand immer noch da und schaute sie an. Er stand

lange, endlos lange dreißig Sekunden so da, bevor er sprach.

»Ich habe mit meiner Mutter in Wisconsin gelebt«, sagte er. »In einem kleinen Haus, direkt am Michigan-See, kurz unterhalb der Grenze zu Michigan. Viel Land, wenig Geld. Mein Vater starb, als meine Schwester und ich noch klein waren. Ich war kein besonders guter Schüler. Ich war auch kein besonders guter Sohn. Und ein guter Bruder schon gar nicht. Ich war ein verschlossener Einzelgänger. Dann habe ich mit kleinen kriminellen Sachen angefangen, habe Autos gestohlen. In Madison gab es eine illegale Karosseriewerkstatt, dort haben mein Freund und ich sie hingebracht. Er hieß Charlie. Kein besonders guter Freund. Er hat sein Geld an der Bar ausgegeben ... und für Frauen. Wir waren noch halbe Kinder. Interessiert Sie das wirklich?«

»Ja, sicher«, meinte sie und schlug die Beine unter.

Fullham konnte sehen, daß sie wohlgeformte, lange Beine hatte.

»Ich habe mich von Charlie getrennt, als wir beide fünfundzwanzig waren«, erzählte er und lehnte sich an die Wand, ohne seinen Kaffee zu trinken. »Habe alleine gearbeitet. Das war sicherer.«

»Und Ihre Mutter?«

»Sie wußte nichts davon. Ich habe ihr erzählt, ich würde Lastwagen fahren. Sie hat in einem Laden gearbeitet, wo man sich Uniformen ausleihen konnte, bis ihre Beine nicht mehr mitmachten. Sie bekam eine Arbeitsunfähigkeitsrente, hat gelesen und ferngesehen, meistens Spielshows. Das ›Glücksrad‹ war ihre Leidenschaft. Das hat sie tatsächlich selbst gesagt. Das ist mir gerade eben wieder eingefallen.

›Das Glücksrad ist meine Leidenschaft‹. Ich bin meistens einige Tagesreisen weit weggefahren, bis nach Duluth, in die Außenbezirke von Chicago oder nach Fort Wayne, habe mir etwas übers Gesicht gezogen, eine billige Maske oder einen Strumpf, und habe dem Abteilungsleiter eines Kaufhauses oder dem Besitzer eines Schmuckwarenladens meine Pistole ins Gesicht gehalten, das Bargeld mitgenommen und bin wieder aus der Stadt verschwunden. Ich hatte immer Handschuhe an, machte alles richtig und bin nie zweimal in dieselbe Stadt gegangen. Ich habe immer ein billiges, gestohlenes Auto genommen, ein Auto, das ich irgendwo etwa dreißig Kilometer vor dem Laden geklaut habe, den ich überfallen wollte. Danach bin ich zu der Stelle zurückgefahren, wo ich mein eigenes Auto außer Sicht geparkt hatte, und habe alles abgewischt. Das Geschäft lief ganz gut. Aber dann ...«

»Aber dann?« fragte sie und schaute gespannt zu ihm hoch.

»Dann bin ich gierig geworden, ich wurde älter, fast fünfunddreißig, und bin gierig geworden. Es lief ganz gut für mich, aber nicht wirklich richtig gut. Ich hatte beschlossen, eine Bank auszurauben. Nicht drinnen, wo es Alarmanlagen gibt, die man nicht abstellen kann, und Leute, die gerne Helden spielen. Oder wo jemand vor lauter Angst wegrennt, obwohl eine Kanone auf ihn gerichtet ist. Ich hatte beschlossen, einen Geldtransporter zu überfallen. Ich wollte den Wachmann überraschen, ihm meine Kanone vor die Nase halten, die Reifen des Panzerwagens zerstechen, den Wachmann zu meinem gestohlenen Wagen zerren, damit der Fahrer ihm nicht helfen konnte, schnappen, was er in den Händen hatte, und dann schnell abhauen. Es war alles genau durchdacht. Ich hatte die Bank eine ganze Woche lang ausgekundschaftet, habe bei McDonald's auf der anderen Straßenseite gegessen oder auf dem Parkplatz des Einkaufszentrums neben der Bank im Auto ein Buch gelesen. Ich hatte mir alles zurechtgelegt.«

»Aber?« fragte die Frau.

»Ja, aber«, wiederholte er. »Alles lief wie geschmiert. Panzerwagen, Reifen, Wachmann, Kanone, Geldsäcke. Ein paar Leute beobachteten das Ganze, aber das störte mich nicht. Keiner von ihnen rührte sich. Aber man weiß ja nie. Als ich mit dem Wachmann rückwärts ging, riß sich ein kleiner Junge von seiner Mutter los, die unter den Zuschauern stand. Er war höchstens fünf oder sechs. Sie schrie. Das Kind ist auf mich losgerannt, hat sich an mein Bein geklammert und wollte nicht mehr loslassen. Ich habe versucht, ihn abzuschütteln, aber ich mußte dem Wachmann die Kanone in den Nacken halten, in der anderen Hand hielt ich zwei schwere Geldsäcke, und ich durfte die Türen des Panzerwagens nicht aus den Augen lassen. Das Kind hat mich gebissen.«

»Zuviel Fernsehen«, meinte sie.

»Er wollte ein Superheld sein«, sagte Fullham, stieß sich von der Wand ab und ging zu dem Sessel, der ihr gegenüber stand. »Ich habe dem Wachmann gesagt, er solle mir das Kind vom Leib halten, aber die Zeit ist mir davongelaufen. Die ganze Sache war schiefgegangen. Der Wachmann hat einen halbherzigen Versuch unternommen, den Jungen wegzuzerren, aber die Mutter des Kleinen ist direkt auf mich zugerannt und war nur noch ein paar Meter weit weg.«

»Und man hat Sie geschnappt?«

»Ich habe aufgegeben«, sagte er, nachdem er einen großen Schluck Kaffee genommen hatte. »Wenn ich an Astrologie glauben würde, hätte ich gesagt, die Sterne und die Planeten waren gegen mich. Der Junge war ein Held. Man hat mir hinterher erzählt, ich wäre mit zweihunderttausend und ein paar Zerquetschten davongekommen. Statt dessen habe ich letztendlich vierzehn Jahre und ein paar Zerquetschte bekommen, genau vierzehn Jahre und drei Monate. Man konnte mir auch noch ein paar von den anderen, kleineren Sachen nachweisen. Wegen guter Führung habe ich nur zehn Jahre gesessen. Es hätte schlimmer kommen können, viel schlimmer. Noch etwas Kaffee?«

»Lieber nicht«, meinte sie.

»Meine Mutter war damals neunundsiebzig und kränklich«, fuhr er fort. »Sie starb ein paar Monate, nachdem ich ins Gefängnis kam. Da ich das Ding in Illinois gedreht hatte, mußte ich meine Strafe in Stateville absitzen.«

»Seit wann sind Sie wieder draußen?« fragte die Frau.

»Seit drei Monaten und vier Tagen«, antwortete er. »Drei Monate, vier Tage.«

»Und jetzt?«

»Ich habe Bewährung. Ich fahre einen Bus die Western Avenue rauf und runter, melde mich bei meinem Bewährungshelfer und kümmere mich um meine eigenen Angelegenheiten.«

Fullham lächelte.

»Ist mir da ein Witz entgangen?«

»Ich weiß nicht. Irgendwie ist es nur komisch, daß ich jetzt selbst eine Uniform trage, statt nur andere Leute in Uniform zu sehen.«

»Und Sie haben sich Ihre eigene Gefängniszelle gebaut«, sagte sie und schaute zuerst auf das vergitterte Fenster, dann auf die verriegelte, stahlverstärkte Tür.

»Was haben Sie auf dem College studiert? Psychologie?«

»Ein bißchen von allem möglichen«, meinte sie. »Nichts, womit man seinen Lebensunterhalt verdienen könnte. Ich glaube, ich gehe jetzt lieber.«

Sie stand auf, barfüßig, und reichte Fullham den leeren Kaffeebecher. Er stand auf und nahm ihn ihr ab. Dann blieb sie einfach stehen und schaute ihn an. Er schaute sie an.

»Haben Sie ... das geht mich eigentlich nichts an, aber haben Sie mit einer Frau geschlafen, seit Sie draußen sind?«

»Ja, zweimal«, antwortete er. »Ich habe dafür bezahlt.«

»Sie sind ein gutaussehender Mann«, sagte die Frau. »Ich hätte nicht gedacht, daß Sie dafür bezahlen müßten.«

»Ich habe es so gewollt«, entgegnete er.

»Das ist verrückt«, sagte sie lachend, schüttelte den Kopf, schaute zur Decke und dann wieder ihn an. »Würden Sie gerne? Wollen Sie? Ich meine, mit mir?«

Fullham ließ die beiden Kaffeebecher klingend gegeneinanderstoßen.

»Sie meinen ...?«

»Ja«, antwortete sie. »Bevor ich es mir anders überlege. So etwas habe ich noch nie gemacht, nicht im entferntesten. Wir sind Fremde. Wir werden uns nie wiedersehen. Ein einziges Mal. Nicht mehr. Nie wieder.« Er stand da und schaute sie an, und sie schaute ihn an.

»Bin ich nicht Ihr Typ?« fragte sie.

»Ich habe mich nicht auf einen bestimmten Typ festgelegt«, meinte er. »Sie sind eine sehr schöne Frau.«

»Danke. Aber ...?«

»Kein Aber«, sagte er.

»Sie haben etwas zum Schutz da. Ich meine ...«

»Ja, habe ich«, antwortete Fullham. »Wollen Sie das wirklich, sind Sie sicher?«

»Ich bin mir sicher«, sagte die Frau. »Ganz sicher.«

Sie stellte sich vor ihn hin, streckte die Hand nach dem obersten Knopf seines Jeanshemdes aus, hielt inne und beugte sich dann vor, um ihn zu küssen. Sie hatten ungefähr die gleiche Körpergröße. Nach ein paar Sekunden umarmte und küßte er sie und fühlte, wie sich ihre Brüste an ihn drückten.

»Ich spüre dich«, sagte die Frau und zog das Gesicht ein paar Zentimeter zurück.

Er sah ihre vollen Lippen, ihre weißen ebenmäßigen Zähne. Er nickte mit dem Kopf.

»Bevor ich in Panik gerate, bevor ich es mir anders überlege, bevor ...« Sie redete nicht weiter. »Das Schlafzimmer?«

Er deutete mit dem Kopf auf die geschlossene Türe neben dem Bücherregal.

»Willst du meinen Namen wissen?« fragte sie.

»Erfinde einen«, sagte er.

»Emma«, sagte sie. »Emma Bovary.«

»Emma Bovary«, wiederholte er.

»Ich gehe zuerst rein«, sagte die Frau. »Bitte. Ich brauche eine Minute, nur eine halbe Minute. Das ist verrückt ... ich brauche eine Minute. Bitte warte, bis ich dich rufe.«

»Ich warte«, meinte er.

Sie ging schnell in das Schlafzimmer und zog sich aus. Sie tat das sehr sorgfältig, legte jedes Kleidungsstück auf einen Stuhl und nahm sich nicht einmal Zeit, sich die Gemälde an der Schlafzimmerwand anzusehen. Das Bett war schmal. Ein Einzelbett. Sie und ihr Ehemann hatten ein Doppelbett. Als sie nackt war, schaute sie sich nach einem Spiegel um, um ihr Aussehen zu überprüfen. Es gab keinen Spiegel. Sie legte sich ins Bett und rief: »Fullham!«

Er erschien im Türrahmen, nackt bis auf die Unterhose. Sie wußte, daß er gerade erst geduscht hatte, und daß sein Körper stark und durchtrainiert war. Sie suchte nach der Tätowierung. Er ging zum Bett hinüber, setzte sich neben sie und berührte ihre Brust.

»Oh Gott«, sagte sie und setzte sich auf. »Ich habe etwas in meiner Handtasche vergessen. Ich bin gleich wieder da.«

Fullham saß kerzengerade da und schaute sich eines der zehn Bilder im Schlafzimmer an. Es zeigte das Haus seiner Mutter, das jetzt eigentlich ihm gehören sollte, zumindest hatte er es so in Erinnerung. Falls es noch stehen sollte, war es wahrscheinlich kleiner und weniger gut erhalten, als er es im Gedächtnis hatte. Wahrscheinlich stand es auch nicht ganz so nahe an dem riesigen, kalten See aus mattem Tiefschwarz und Blau.

Er hörte, wie sie in der Handtasche kramte.

Als sie in das Schlafzimmer zurückkam, schaute er immer noch auf das Bild. Er drehte sich nicht zu ihr um.

»Das war unser Haus«, sagte er.

»Ich weiß«, vernahm er ihre Stimme, leise und gar nicht selbstsicher.

Dann wandte er den Kopf.

Die Frau stand mit einer kleinen Pistole in der Hand da. Sie war sehr schön. Er wußte, wie alt sie war, aber ihr Körper war jung und straff. Ihre kleinen Brüste saßen hoch, hingen aber nicht durch.

»Ich werde dich töten«, sagte sie.

Er nickte, keineswegs überrascht. Sie zitterte leicht, weil er weder Überraschung noch Angst zeigte, aber sie war fest entschlossen.

»Du hast keine Angst«, stellte sie fest.

»Nein«, erwiderte er.

»Ich will, daß du Angst hast«, sagte sie.

»Tut mir leid«, meinte er. »Ich bin kein sehr guter Schauspieler.«

»Willst du nicht wissen, warum ich dich umbringen werde? Glaubst du, ich bin nur irgendeine durchgedrehte Einbrecherin?«

»Nein«, sagte er.

»Ich lasse dich seit Wochen beobachten«, sagte sie. »Seit du draußen bist, lasse ich dich beobachten.«

»Von einem kleinen Mann, sauber gekleidet, schütteres Haar.«

»J...ja.«

Er nickte.

»Ich wollte wissen, wo du wohnst und was du tust, wo du einkaufen gehst. Als ich es wußte, habe ich ihn ausbezahlt. Er hat mir erzählt, daß du ein sehr vorsichtiger Mann bist.«

Fullham schaute wieder auf das Bild.

»Im Zuchthaus lernt man, vorsichtig zu sein«, sagte er. »Und trotzdem bekommt man Narben. Wenn man überlebt, trägt man Narben davon.«

Ein erneutes Rumpeln ertönte von außerhalb des Zimmers. Auch die Schlafzimmerfenster waren vergittert. Diesmal klang das Rumpeln wie ein entfernter Donner. Die Sonne schien immer noch.

»Als du deine Brieftasche verloren hast, habe ich meine Chance gewittert. Interessiert dich das überhaupt?«

»Ja«, antwortete er.

»Dann schau mich an. Schau mich an.«

Auf einmal klang ihre Stimme scharf. Fullham drehte den Kopf, um sie anzuschauen.

»Weißt du, wer ich bin?«

»Du bist nicht mehr Emma Bovary«, sagte er.

»Die bin ich nie gewesen.«

»Nein.«

»Mein Name ist Charlotte Brenner. Der Name sagt dir nichts?«

»Nein.«

»Vor meiner Heirat hieß ich Charlotte Dianne Glicken, ein Name, den mir meine Adoptiveltern gegeben haben, und davor hieß ich ein paar Tage lang Charlotte Fullham«, erklärte sie. »Ich bin deine Schwester, deine Zwillingsschwester. Der Skorpion, der knapp eine Stunde zur Welt kam, nachdem dein Sternzeichen, die Waage, abgelaufen war und meins begonnen hatte.«

Sie wartete auf irgendeine Reaktion. Es kam keine.

»Ich war diejenige, die sie schließlich zur Adoption freigegeben haben«, fuhr sie fort. »Dich haben sie behalten. Den Jungen. Den Jungen, aus dem später ein bewaffneter Räuber wurde und der im Gefängnis landete.«

»Im Zuchthaus.«

»Im Zuchthaus«, wiederholte sie.

»Du willst mich also erschießen, weil unsere Eltern dich zur Adoption freigegeben haben? Du hast das mit dir herumgeschleppt, und jetzt, wo unsere Eltern tot sind, machst du mich dafür verantwortlich?«

»Ja.«

»Nein«, sagte er und schüttelte den Kopf. »Das ergibt keinen Sinn. Abneigung vielleicht, aber Haß? Höchstens, wenn du verrückt bist. Ich habe Leute gekannt, im Zuchthaus und draußen, die aus ganz verrückten Gründen getötet haben. Da war ein junger Kerl namens Ramirez zwei Zellen neben mir, der saß wegen Drogenhandels. Billiger Stoff, aber sie haben ihn erwischt, und der Staatsanwalt von Dade wollte seine Statistik verbessern. Ramirez war eine Zahl in der Statistik. Er war vierundzwanzig, da hat er seinen scharf geschliffenen Löffel mit in den Hof genommen und jeden in Reichweite abgestochen, der Frau und Kinder hatte. Er ging direkt an den alleinstehenden Kerlen vorbei, an Jungen, Alten, Schwarzen, Mexikanern, an mir. Fing einfach an, draufloszustechen. Fünf hat er umgebracht und noch zwei verdammt schwer verletzt. Einer der beiden, Ian Plickwell, hat seinen Kehlkopf verloren. Dann ist er auf einen Wärter losgegangen. Der hat vor Angst in die Hosen gemacht. Im Hof waren Wärter nicht bewaffnet. Ramirez wurde mit zwei Schüssen von einem Wachturm aus niedergestreckt.«

Fullham legte sich wieder auf das Bett und spielte mit dem Muskel seines linken Armes. Die Waage neigte sich zuerst auf die eine Seite, dann auf die andere. Er streckte die Hand aus und fuhr mit dem Finger eine etwas erhabene, rosarote, gut zehn Zentimeter lange Narbe entlang, das

Erinnerungsstück an einen Bandenkrieg im Zuchthaus, an dem er nicht hatte teilnehmen wollen.

»Du bist der Verrückte«, meinte sie und umklammerte jetzt die Pistole mit beiden Händen, um die Waffe ruhig zu halten.

»Vielleicht«, sagte er. »Darüber habe ich auch schon nachgedacht. Ich meine, ob ich verrückt bin oder nicht. Ich glaube es nicht, aber es könnte sein. Ich glaube auch nicht, daß du verrückt bist. Ein Freund von mir, Alan, ist ein Jahr vor mir entlassen worden. Den habe ich damals gebeten, nach Mutters Grundbesitz zu sehen. Ein Ferienpark war drumherum entstanden. Jetzt ist es ein wertvolles Grundstück in bester Lage, direkt am See. Knapp eine Million wert, vielleicht sogar mehr. Alan stocherte weiter herum. Das konnte er gut. Er war ein Trickbetrüger. Er wußte, wie man Dinge erfährt und sich zunutze macht. Alan hat herausbekommen, daß ich eine Schwester hatte. Ich habe ihn beauftragt, dich ausfindig zu machen. War nicht schwer. Wann hast du herausgefunden, daß du einen Bruder hast?«

Sie trat einen Schritt vor, beinahe außer sich.

»Das spielt keine Rolle.«

»Für mich schon«, entgegnete er und schaute auf seinen Arm. »Für mich schon. Du wirst mich erschießen. Dann kannst du wenigstens meine Fragen ehrlich beantworten.«

»Ich habe einen Brief von einem Rechtsanwalt bekommen«, sagte sie. »Er wollte feststellen, wem das Land gehörte. Ich weiß nicht, wie er mich aufgespürt hat. Er hat irgend etwas von einem Adoptionsregister erwähnt. Da habe ich von dir erfahren, und von mir.«

»Und du hast ihm gesagt, du wärst die alleinige Erbin?«

»Ja.«

»Du hast ihm weisgemacht, dein Bruder sei tot, und er hat dir geglaubt? Nicht weiter nachgefragt?«

»Ja. Er wollte mir glauben.«

»Aber jemand hat in deinem Auftrag herausgefunden, daß ich am Leben war und im Zuchthaus saß. Ich frage mich, warum die mich nicht finden konnten. Die vom Anwaltsbüro, meine ich. So schwer war ich nicht zu finden. Aber ich habe Männer gekannt, die jahrelang im System unauffindbar waren. Verlorene oder verlegte Akten. Leute, die mit anderen verwechselt wurden. Ein Kerl namens Pope, der zu zwanzig Jahren verurteilt worden war, weil er einer Frau den Arm ausgerissen und sie dann vergewaltigt hatte, wurde entlassen. Er kam nach zwei Jahren raus. Der Pope, der hätte entlassen werden sollen, saß fünf Jahre länger. Natürlich war der zweite Pope ein Schwachkopf, und ich bezweifle, daß er das mitgekriegt hätte, falls nicht ein anderer Insasse …«

»Hör auf«, schrie sie. »Hör auf damit. Hör auf damit.«

»Du hast das Geld bekommen«, sagte er.

»Ich habe es gebraucht«, meinte sie. »Wir hatten beinahe dreihunderttausend Dollar Schulden. Das Geschäft von meinem Mann ist pleite gegangen.«

»Es war nicht deins«, sagte er.

»Die Hälfte davon hätte mir zugestanden«, sagte sie und ging auf ihn zu, aber nicht nah genug, daß er sie vom Bett aus hätte erreichen können.

»Die Hälfte davon hättest du bekommen sollen«, stimmte er zu. »Du hast eine Million und zweihundertundfünfzigtausend Dollar bekommen. Du gibst mir sechshundertfünfundzwanzigtausend Dollar, und wir sind quitt. Nach dem Gesetz gehört alles mir, aber ich schätze, die Hälfte steht dir zu.«

»Es ist weg«, sagte sie und nahm eine Hand von der Pistole, um sich ihr kurzes Haar nach hinten zu streichen, obwohl das nicht nötig war. »Es ist verbraucht. Wir haben die Schulden beglichen, ein neues Haus gebaut und den Rest investiert. Es sind nur noch etwas mehr als zweihunderttausend auf der Bank.«

Fullham verschränkte die Arme hinter dem Kopf und schaute das vergitterte Fenster an. Sie konnte sehen, wie die tätowierte Waage auf seinem Bizeps zitterte, unsicher, wohin sie sich neigen sollte. Sie erinnerte sich, daß der Skorpion auf dem Bild im anderen Zimmer auf der rechten Seite der Waagschale saß. Sie schaute hin, schluchzte, ohne es zu merken, außerstande, ihre Augen von der Waage abzuwenden, die sich mal dahin, mal dorthin bewegte.

»Ich muß dich umbringen«, sagte sie. »Ich wußte, du würdest rauskommen und herausfinden, was ich gemacht habe, deinem Geld nachjagen, mich ins Gefängnis bringen und mich in den Dreck ziehen. Mir stand auch etwas zu.«

»Die Hälfte«, sagte er. »Dir stand die Hälfte zu. Ich nehme die zweihunderttausend, der Rest ist vergeben und vergessen.«

»Nein«, meinte sie. »Ich kann dir nicht trauen. Ich führe ein Leben, das ... ich kann dir nicht trauen.«

»Drück nicht ab, Charlotte«, sagte Fullham und schaute weiter aus dem Fenster.

Er vernahm das klickende Geräusch, als sie den Hahn spannte. Er hörte das Geräusch des Anschlags. Nichts geschah. Jetzt weinte sie, weinte und drückte ab.

Als Fullham sich zu ihr umdrehte, weinte und stöhnte

sie, die Pistole hing an ihrer Seite herunter, ihre Schultern waren eingefallen. Fullham stand langsam auf und ging zum Kleiderschrank. Er nahm einen weißen Frotteebademantel heraus und ging auf sie zu. Sie sah ihn, winselte wie ein Hund, der Prügel erwartet, und wich zurück. Er gab ihr den Bademantel und nahm ihr die Pistole aus der Hand.

»Zieh das an«, sagte er leise.

Sie gehorchte.

»Du hast einen engagiert, der mich beschattet hat«, erklärte er. »Mein Freund Alan hat dich beschattet. Ich bin nach Chicago gekommen, um hier meine Bewährung abzusitzen, damit du mich finden konntest. Alan hat gesagt, daß du versuchen würdest, mich umbringen zu lassen. Ich habe das nicht glauben wollen, aber ich habe schon oft falsch gelegen. Ein paar von den Narben kann man immer noch sehen. Ich wußte, daß du mich im Supermarkt beobachtet hast. Ich habe meine Brieftasche absichtlich fallen lassen, damit du sie aufheben kannst.«

Er warf die Pistole aufs Bett, drehte die Frau sanft um und führte sie zurück ins Wohnzimmer.

»Ich habe die Kugeln herausgenommen, bevor ich ins Schlafzimmer gekommen bin«, erklärte Fullham.

Sie hatte aufgehört zu weinen. Er setzte sie auf das Sofa, nahe bei ihren Schuhen. Sie sackte nach vorne. Ihr Mund stand offen. Ihr Gesicht war kreideweiß, und sie sah nun fast so alt aus, wie er und sie tatsächlich waren.

»Kaffee?« fragte er.

»Was?«

»Möchtest du eine Tasse Kaffee?« fragte er noch einmal.

»Du wirst mich umbringen«, sagte sie.

»Meine einzige Schwester? Nein. Ich habe zu lange gebraucht, um dich zu finden. Möchtest du Kaffee, Wasser oder Tee?«

»Tee«, sagte sie.

»Bleib einfach da sitzen«, meinte er sanft. »Du wirst die Schlösser an der Tür nicht aufbekommen, und durch die Fenster kannst du nicht hinaus. Bleib einfach sitzen. Ich bringe den Tee.«

Sie saß da. Ihre Augen wanderten zu den Bildern an der Wand, zu der dunklen Zelle, den Porträts und zu der Waage mit dem Skorpion. Irgendwo im Unterbewußten nahm sie das Geräusch von fließendem Wasser aus der Küche wahr, das Summen eines Mikrowellenherdes. Die Zeit schien stillzustehen.

Fullham kam ins Zimmer zurück, immer noch nur mit Unterhose bekleidet. Er reichte ihr den Tee und setzte sich neben sie.

»Was machst du ... was wirst du jetzt tun?« fragte sie.

»Glatte zweihunderttausend«, sagte er. »Sprich mit deinem Mann, heb sie ab, in bar. Ich treffe mich mit dir. Du gibst sie mir, und danach wirst du mich nie wieder sehen, es sei denn, du fährst mit dem Bus die Western Avenue entlang, aber das halte ich für höchst unwahrscheinlich. Ich schulde Alan fünfzigtausend Dollar für seine Hilfe. Der Rest geht an ... darüber habe ich wirklich noch nicht lange genug nachgedacht. Das Geld. Morgen holst du das Geld. Rede mit deinem Mann, wenn du willst, aber ich bekomme es morgen, oder ich gehe zur Polizei. Ich gehe nicht gerne zur Polizei. Das wird ziemlich kompliziert. Du könntest davonkommen, aber das glaube ich nicht, und ein guter Anwalt wird das Geld und dein Haus kassieren.«

»In Ordnung«, sagte sie.

»Ich würde vielleicht auch gerne einmal meinen Neffen sehen«, meinte er. »Hast du ein Foto dabei?«

Sie nahm schnell einen Schluck Tee, stellte die Tasse ab und griff nach ihrer Handtasche, die Handtasche, in der sie die Pistole getragen hatte, mit der sie den Mann umbringen wollte, der neben ihr saß und sich mit sanfter Stimme nach ihrem Sohn erkundigte. Sie nahm ihre Brieftasche heraus und gab sie ihm. Fullham klappte sie auf und schaute sich die Fotos an: Charlotte und ihr Ehemann, ein lächelnder Mann mit einem sonnengebräunten Gesicht und weißen Zähnen, die unecht aussahen; Charlotte alleine, ein Schnappschuß, der sie zeigte, wie sie vor einem Baum stand und über die Schulter lächelte; drei Fotos von einem Jungen, auf einem war er höchstens drei, auf dem nächsten war er sieben oder acht und saß winkend auf einem weißen Zaun; das letzte Foto zeigte einen hochaufgeschossenen Jungen mit Anzug und Krawatte.

»Sieht mir ähnlich«, meinte Fullham.

»Ja, ein bißchen«, stimmte sie zu.

Er nahm alle Fotos heraus, bis auf das mit Charlotte und ihrem Ehemann, und legte sie nebeneinander vor sich auf den Tisch.

»Die behalte ich«, sagte er.

»Warum?«

»Das ist die einzige Familie, die ich habe. Ich habe eins von unseren Eltern, als sie jung waren. Ich kann dir einen Abzug machen lassen.«

»Nein, danke«, sagte sie mit einem Anflug des früheren Zorns in der Stimme. »Nein, nein, danke. Sie wollten mich nicht haben. Ich will sie auch nicht.«

»Wie du willst«, sagte er. »Du kannst dich jetzt anziehen und gehen. Ich treffe dich morgen um zehn an der Bank.«

»Woher weißt du, welche Bank?« fragte sie im Aufstehen.

»Ich weiß es eben.«

»Dein Freund Alan?« fragte sie.

Er nickte.

»Du kannst die Pistole mitnehmen«, sagte er.

Jetzt war sie mit Nicken an der Reihe.

»Denk ja nicht, du könntest mit neuen Kugeln wiederkommen«, sagte er. »Von der Sekunde an, in der du durch meine Tür gekommen bist, habe ich alles mit Kassettenrecordern aufgenommen. Ich stecke die Kassetten in einen Umschlag und schicke sie Alan, sobald du gegangen bist. Wenn du mich erschießt, dann ... nun ja, du verstehst schon.«

»Ich werde dich nicht erschießen«, meinte sie. »Ich werd dir dein Geld besorgen.«

Sie ging ins Schlafzimmer und zog sich an, während Fullham dasaß und wartete. Als sie fertig war, sah er zu, wie sie einen Spiegel aus der Handtasche nahm und frisches Make-up auflegte.

»Ich ... willst du etwas Verrücktes hören?« fragte sie. »Etwas ganz Verrücktes?«

»In der letzten Stunde habe ich genug verrückte Sachen für den Rest meiner Tage gehört«, sagte er.

»Vielleicht ... ich meine, vielleicht könnten wir ... weißt du, uns treffen? Du könntest meinen Mann kennenlernen, und deinen Neffen.«

»Ich werde mir den Jungen ansehen, wenn ich es für

richtig halte«, meinte er. »Er wird gar nichts davon mitkriegen. Ich werde ihn nicht behelligen. Wenn du im Schlafzimmer nicht abgedrückt hättest, hätte ich über dein Angebot nachgedacht, aber jetzt nicht mehr. Jetzt nicht.«

Er erhob sich aus dem Sessel. Sie beobachtete ihn, wie er zur Wand ging und das Gemälde mit dem Skorpion in der Waagschale abhängte.

»Das ist deins«, sagte er und hielt es seiner Schwester entgegen.

Sie schlang die Handtasche um den Arm und nahm das Bild.

»Und die Frau auf den anderen Bildern?« fragte sie und drehte sich nach ihnen um. »Wer ist das?«

»Niemand«, antwortete er und schaute sich die Bilder mit ihr an. »Die habe ich nur erfunden.«

Fullham ging zur Wohnungstür, zog den schweren Riegel zurück und sperrte die anderen Schlösser auf. Er öffnete die Tür.

Sie trat auf den Flur hinaus.

»Morgen früh in der Bank, Punkt zehn«, sagte er.

»Danke für das Bild. Ich wünschte nur ...«

Er schüttelte verneinend den Kopf, obwohl er nicht genau wußte, was sie sich wohl wünschte. Aber er war sich ganz sicher, daß er ihr diesen Wunsch nicht erfüllen wollte.

»Emma Bovary«, sagte er leise. Sie schien es nicht zu hören.

Sie ging langsam den Flur entlang und trug das Bild vor sich. Fullham schloß die Tür und schob den Riegel vor. Der Umschlag lag bereit, adressiert und frankiert. Er nahm die Bänder aus den beiden Kassettenrecordern und ließ sie in den Umschlag fallen.

In ein paar Minuten würde er sich anziehen, hinuntergehen und den Umschlag in den Briefkasten eine Straße weiter werfen. Jetzt saß er am Tisch im Wohnzimmer und betrachtete die Fotos, die er vor sich ausgebreitet hatte. Die würden in seine Brieftasche kommen, zusammen mit dem alten Schnappschuß seiner Eltern, und falls ihn irgendwann einmal jemand nach seiner Familie fragte, würde er ihm diese Fotosammlung zeigen.

Er schaute sich das Foto von Charlotte ungefähr eine Minute lang an und sagte dann laut: »Wir sehen unseren Eltern nicht ähnlich. Nicht einmal ein bißchen.«

Bald würde er die Gitter von den Fenstern entfernen. Er würde auch den Riegel von der Wohnungstür abmontieren. Er würde sich nicht mehr einsperren oder andere aussperren.

Fullham berührte das Foto von seiner Schwester, stand auf und ging ins Schlafzimmer, um sich anzuziehen.

Aus dem Amerikanischen von Joachim Dörr

Die Autorinnen und Autoren

Als Schweizer Schütze kommt **Roger Graf** (*»Admiral Nelson, gespielt von Walter Matthau«)* am 27. November 1958 in Zürich zur Welt. Dort beginnt er eine Ausbildung zum Sportartikelverkäufer und arbeitet in verschiedenen Jobs, bis er Anfang der achtziger Jahre erste Kurzgeschichten veröffentlicht. Er schreibt Drehbücher und Hörspiele, verfaßt Filmkritiken und entwickelt Karten- und Brettspiele. Sein Held Philip Maloney erscheint in 220 Hörspielfolgen, 2 Erzählbänden und auf 10 CDs. Seine wichtigsten Romane: ›Ticket für die Ewigkeit‹, ›Tödliche Gewißheit‹, ›Zürich bei Nacht‹ und ›Kurzer Abgang‹. Graf hält von Astrologie schlicht »gar nix«.

Die Details ihrer Geburt gibt **Marlys Millhiser** (*»Filmriß«*) mit 27. Mai ALTA (A Long Time Ago – vor langer Zeit) an. Nach vielen Jahren in den heiligen Hallen der Wissenschaft bringt die Zwillingsfrau es fast zu einer Promotion in Geschichte, gibt dann aber doch der Kriminalliteratur den Vorzug. Sie veröffentlicht zahlreiche Kurzgeschichten und elf Bücher, darunter ›The Mirror‹, ›Death of the Office Witch‹, ›Murder in a Hot Flash‹ und ›Murder go home‹. Millhiser lebt in den Rocky Mountains. Ihre Tochter Joy teilt das Sternzeichen Waage und die dazugehörigen Charaktereigenheiten mit ihrer Serienheldin Charlie Greene.

Hätte **Angelika Koch** (*»Schutz in der Eifel«*) bloß jemanden gefragt, der sich damit auskennt! Ein Astrologe hätte ihr sicher prophezeit, daß Skorpionfrauen und Waagemänner eine schwierige Kombination ergeben. Doch negativen Horoskopen schenkt Koch ohnehin keinen Glauben. Die Folge: Sie heiratet einen Waagemann, der sie mit seinen konstanten Versuchen, alles schönzureden, beharrlich in den Wahnsinn treibt.

Koch studiert Soziologie, Philosophie und Linguistik, arbeitet als Redakteurin, Werbetexterin und lange Jahre in einer Landkommune. Ihre literarischen Erfolge: ›Der Retter‹, ›Jemand wie Ginsterblum‹, ›Das Wasser‹ und ›Die Liebe‹. Seit 1988 wohnt Koch in Daun und bezeichnet sich selbst als »Überzeugungstäterin in punkto Eifel«.

Als Waage mit Aszendent Steinbock kommt **Uta-Maria Heim** am 14. Oktober 1963 um 14.05 Uhr zur Welt. Nach ihrem Studium in Stuttgart gelangt sie über Umwege (Paris, Wien, Havanna) nach Hamburg. Sie veröffentlicht 17 Bücher, u. a. ›Die Widersacherin‹, ›Durchkommen‹, ›Engelchens Ende‹ und ›Ihr Zweites Gesicht‹ und wird mit dem Förderungspreis Literatur des Kunstpreises Berlin und zweimal mit dem Deutschen Krimipreis ausgezeichnet. Seit 1999 lebt Heim in Berlin. Auf die Frage, was sie dazu brachte, auch bei den Astrokrimis mit *»Beim nächsten Halt Mord«* die Waage zu wählen, fordert sie ihre Leser und Leserinnen auf: »Steht alles im Text. Lesen Sie selbst!«

Trotz acht Geschwistern und entsprechend großer Nachkommenschaft findet sich in der gesamten Familie von **Krystyna Kuhn** keine einzige Waage. Um als Schützefrau zunächst einmal unverfänglich mit ihnen in Kontakt zu kommen, schreibt Kuhn *»Alter Ego«* für die *Astrokrimis.* Die am 7. Dezember 1960 nahe dem Wirtshaus im Spessart Geborene studiert zunächst Slawistik, Germanistik und Kunstgeschichte. Kuhn arbeitet als Redakteurin und Herausgeberin. Die ersten Bücher schreibt sie im Bereich EDV, später Gedichte und Kurzgeschichten. Sie hält die Astrologie für eine Fundgrube für kompakte, stimmige Charaktere. Da Kuhn mit einem Hobby-Astronomen verheiratet ist, kommt die Astrologie als Lösungsansatz für menschliche Probleme nicht in Frage.

Waagen lieben symmetrische Verhältnisse. Und so kommt die Waage **Stuart M. Kaminsky** *(»Der Skorpion in der Waage«)* am 29. September 1934 in Chicago als Sohn zweier Waagen auf die Welt. Unbeeindruckt davon veröffentlicht Kaminsky später über 40 Romane, 5 Biografien, 35 Kurzgeschichten und zahlreiche Drehbücher, darunter ›Once upon a time in America‹. Für ›A Cold Red Sunrise‹ gewinnt er einen amerikanischen ›Edgar‹ und den französischen ›Prix du Roman d'Adventure‹. Auf Deutsch sind bislang erschienen: ›Blutige Rubel‹, ›Hinter Hollywoods Kulissen‹, ›Wie Wölfe im Winter‹ und die ›Lieberman‹-Krimis. Wenn es astrologische Wahrheiten gibt, so ist Kaminsky überzeugt, dann sind diese bis heute noch nicht entdeckt.

Die Herausgeberinnen

Ursprünglich als Jungfrau geplant, zieht **Thea Dorn** intuitiv ein doppeltes Feuerzeichen vor und kommt – vier Wochen zu früh – am 23. Juli 1970 in Offenbach zur Welt. Die Löwefrau mit Aszendent Schütze geht nach dem Abitur ins antarktische Südgeorgien, um dort das Verhalten der Kaiserpinguine zu erforschen. Später arbeitet sie als Dozentin für Philosophie an der Freien Universität Berlin und hält Seminare zu Fragen der modernen Ethik und Ästhetik. Sie veröffentlicht die Kriminalromane ›Berliner Aufklärung‹, ›Ringkampf‹ und ›Die Hirnkönigin‹, wofür sie 1995 den *Marlowe* und 2000 den Deutschen Krimipreis erhält. Ihr Theaterstück ›Marleni‹ wird im Januar 2000 in Hamburg uraufgeführt. Nach einem für Feuerzeichen typischen anfänglichen Skeptizismus nähert sich Dorn durch die intensive Arbeit an den *Astrokrimis* der Weisheit der Sterne. »Seit ich weiß, daß fast kein Krimiautor Fische ist, schaue ich bei manchen Menschen genauer hin.«

Als die Sonne am 13. August 1966 über dem Rhein am höchsten steht, erblickt **Uta Glaubitz** in Bad Godesberg das Licht der Welt. Als nicht ganz umgängliche Mischung aus Löwe mit Aszendent Skorpion wächst sie in Köln auf und beginnt, sich für den FC, Kölsch und Karneval zu interessieren. Glaubitz studiert Philosophie, Anglistik und Chaostheorie und unterstützt heute als Berufsfindungsberaterin andere darin, ihren Traumjob zu finden. Sie gibt Seminare, veranstaltet Konferenzen und veröffentlicht unter anderem den Bestseller ›Der Job, der zu mir paßt‹. Ihr Verhältnis zur Astrologie konzentriert sich vor allem auf die Beschäftigung mit schwierigen Konstellationen. Glaubitz ist der festen Überzeugung, daß man nur lange genug in der Kneipe sitzen muß, um auch die letzten Geheimnisse der Astrologie aufzuklären.

Als Waage mit Aszendent Krebs wird **Lisa Kuppler** am 7. Oktober 1963 im schwäbischen Eßlingen geboren. Während eines vierjährigen USA-Aufenthalts studiert sie amerikanische Geschichte und Literatur und schließt mit einem Magister in amerikanischer Umwelt- und Frauengeschichte ab. Sie entdeckt ihre Liebe zu Hollywoodkino und Populärkultur, zu Trash, Camp und Star Trek. Ihr Mars im Skorpion prädestiniert sie zu einer Karriere im *hard boiled* Krimigeschäft. Sie arbeitet als Lektorin von Krimi-Reihen und widmet sich der Neuübersetzung von Altmeister Mickey Spillane. Kuppler glaubt, daß die Astrologie ein magisches Ordnungssystem der menschlichen Wesensarten ist, das heute durch laienpsychologische Deutungen völlig verwässert wird. Die passionierte Kampfsportlerin lebt in Berlin-Mitte. Daß die nach eigenen Angaben typische Waage sich privat wie beruflich mit Löwefrauen umgibt, schreibt sie einem abstrusen Winkelzug der Astrologie zu.